도시는 만남과
시간으로 태어난다

매일이 행복해지는 도시 만들기

최민아 지음

샘터

매력적인 도시의 비밀을 찾아서

잠시 바쁜 움직임을 멈추고 지금 있는 곳을 둘러봅시다. 지금 머물고 있는 공간이 편안하고 따뜻하게 느껴지나요? 나를 들뜨고 신나게 하나요, 아니면 지루하고 빨리 떠나고 싶은 기분이 들게 하나요? 여러분은 10년이란 시간이 흐른 뒤에도 지금 머물고 있는 이 공간을 그리워하게 될까요?

많은 사람이 파리나 런던, 뉴욕, 홍콩 같은 다른 나라의 도시로 여행을 떠나거나 언젠가 여행을 해보기를 기대합니다. 그 이유는 무엇일까요? 그곳에 가면 멋진 공연을 보거나 쇼핑을 하고 새로운 음식도 맛보는 등 특별한 경험을 할 수 있겠지요. 하지만 사람들이 여행을 떠나는 이유는 한 사회의 발달한 역사와 문화가 응축된 도시 자체를 느끼기 위해서입니다.

그렇다면 도시는 무엇일까요?

도시city라는 단어는 라틴어 'civitas'에서 유래한 것으로, 이는 '시민citizen'을 의미합니다. 다시 말해 도시는 어떤 물리적인 대상이나 환경을 지칭하는 것이 아니고, 시민들이 모여 살면 도시가 되는 것이지요. 하지만 많은 사람이 모여 산다고 해서 모두 도시라는 이름이 붙는 건 아닙니다. 일정 기준 이상으로 많은 사람이 밀집해 모여 살면서 다양한 산업 활동을 하고 교류가 이뤄져야 하거든요.

도시와 비슷하게 쓰이는 말로는 취락이나 동네, 마을이라는 표현이 있습니다. 취락은 집들이 모여 있는 것을 의미하여 물리적인 환경을 일컫고, 동네라는 표현은 도시 안의 작은 행정구역을 표현하는 '동洞'이라는 한자에서 온 것으로 자신이 사는 곳 주변 지역을 가리킵니다. 반면, 마을은 순우리말로 주로 시골에 사용되어 적은 가구 수가 모여 사는 형태를 말합니다. 즉 하나의 도시 속에는 많은 동네가 있는 셈입니다.

또, 도시를 정하는 기준도 나라마다 다릅니다. 우리나라에서는 하나의 행정구역에 5만 명 이상의 인구가 살고 시가지 안에 거주하는 사람과 상공업이나 도시적 산업에 종사하는 가구의 비율이 60퍼센트 이상일 때 도시라고 부릅니다. 하지만 프랑스는 인구가 2,000명 이상이고 건물이 200미터 이내에 위치해 시가지가 연속되어 있는 경우를 도시라고 합니다. 그래서 유럽의 도시는 우리나라 도시보다 훨씬 작고 더 밀집된 모습이지요.

하지만 그 규모가 크든 작든 도시에는 공통의 모습을 발견할 수 있습니다. 도시에는 사람들이 살기 위한 집과 유치원, 학교 같은 교육시설이 있고, 백화점, 쇼핑몰과 같은 상업시설과 다양한 일자리가 있는 업무시설들이 있지요. 그리고 조금 더 시간을 거슬러 올라가면 성벽과 왕궁, 시장, 그리고 문화에 따라 성당이나 사찰, 모스크와 같은 종교시설도 중요한 요소였습니다.

현대로 올수록 도시는 점점 사람들이 살기 편리한 모습으로 변하고 다양한 시설을 많이 갖추게 됐습니다. 지금은 당연하게 느껴지는 공원, 도서관, 지하철, 병원, 영화관 같은 곳들은 겨우 150년 전으로만 거슬러 올라가도 대부분 존재하지 않던 것들이었습니다.

하지만 우리는 지금도 보다 더 쾌적한 환경을 원합니다. 사람은 누구나 아름답고 좋은 환경에서 살고 싶어 하기 때문입니다. 다른 모든 생명들처럼 인간도 주변 환경에 민감하게 영향을 받습니다. 한 사회에서 소득이 증가할수록 사람들의 만족도가 높아지지만, 일정 수준을 넘어가면 행복을 느끼는 데 그다지 영향을 미치지 못한다고 합니다. 그렇다면 도시도 마찬가지 아닐까요? 사람들이 원하는 도시의 모습이 과연 쾌적한 환경뿐일까요?

많은 집안에는 소중하게 여겨지는 물건이 있습니다. 거창한 가보가 아니더라도 집안마다 할아버지 할머니가 엄마 아빠에게 물려주고, 다시 딸 아들에게 아끼고 사랑하는 물건들을 전해줍니다. 소중한 이야기가 담긴 물건은 아무리 많은 돈을 내도 다시 구할 수 없기 때문에 여러 세대를 거치면서 소중하게 간직합니다.

돈을 주고 살 수 없는 것들이 세상에 많은 것처럼, 도시도 마찬가지입니다. 엄청난 비용을 들여도 만들지 못하는 것들이 도시에도 있습니다. 아무리 많은 돈을 지불해도 600여 년 전 한양이 처음 만들어질 때 사용됐던 소나무 기둥을 구해 사라진 경복궁 전각을 복원할 수 없는 것처럼요. 이런 것들이야말로 도시를 가치 있게 만들고 사람들이 애정을 지니도록 만듭니다. 다시 말해 좀 더 편리하다고, 새 건물이 많다고 더욱 좋은 도시가 되는 것은 아니라는 뜻입니다.

그럼 우리가 살고 싶은 도시는 어떤 모습일까요? 우선 매일매일의 생활이 풍요로워질 수 있는 환경일 것입니다. 도시는 우리가 평범한 하루를 보내면서 열심히 일하고 공부하는 배경입니다. 이 공간이 풍요로울수록 매일의 삶이 아름다워지고, 사람들의 마음에도 여유가 생깁니다. 길가에 울창한 가로수와 예쁜 꽃, 편안한 벤치가 놓여 있고, 밤에는 작은 가게들이 친근하게 불을 켜고 반기는 길을 지날 때와 주변에 아무것도 없이 캄캄하고 자동차들만 쌩쌩 달리는 길을 지날 때의 느낌은 매우 다릅니다. 하루하루가 모여 사람의 긴 인생이 이뤄지는 것처럼, 일상의 작은 공간이 변화하면 커다란 도시 전체가 달라지고, 그 안에 사는 사람들의 생활도 변화합니다.

그리고 우리는 자신만의 색깔이 드러나는 도시를 원할 것입니

다. 같은 교복을 입더라도 개성을 가미해 남과 다르게 보이고 싶어
하는 마음은 누구나 지니는 본능이거든요. 그렇게 생각하면 도시
가 자신만의 색깔을 지니는 것은 매우 중요합니다. 20세기가 시작
되면서 전 세계의 도시가 대부분 비슷한 모습으로 변해가고 있지
만, 시간이 담긴 공간을 잘 간직한 도시는 자신만의 색을 지니고 있
습니다.

전통 사찰이나 성과 같은 찬란한 문화유산만이 시간을 담지는
않습니다. 오래된 길의 흔적, 예전부터 사람들이 모이던 시장이나
작은 마을 광장도 시간을 담을 수 있지요. 한 사회를 함께 사는 사람
들에게는 공동의 기억이 있고, 익숙한 문화가 담긴 장소들이 있습니
다. 우리가 일상생활에서 자주 접하는 도서관, 골목길, 빵집, 공원과
같은 공간은 사람 사이에 만남이 이뤄지고 생활에 여유를 주는 의
미 있는 공간입니다. 그리고 만약 이런 장소들이 오랫동안 도시 속
에 남아 그 동네만의 기억을 담고 독특한 색깔을 지닌다면 그 공간
은 보다 더 소중한 가치를 지니게 됩니다.

물론 오래된 옛 건물과 공간들을 무조건 간직하자는 뜻은 아닙
니다. 아무것도 버리지 않고 쌓아둔 집에 더 이상 새로운 물건이 들
어갈 수 없는 것처럼, 오늘날의 생활을 담아내기 어렵거나 위험이
발생할지도 모르는 건물과 공간은 당연히 소멸되고 새롭게 탄생해
야 합니다. 그리고 기존에 존재하지 않던 공간과 건물을 지어 새로

운 활기를 불어넣는 것도 도시에는 매우 중요한 일입니다.

성급하게 무엇을 새로 지을까 고민하기 이전에 우리는 버려야 할 것, 버려도 될 것, 버리면 다시는 되찾지 못할 것을 구분하는 안목을 지녀야 합니다. 당장 필요하다고 생각해 큰 비용을 들여 지었지만 10년만 지나면 아무도 사용하지 않아 처치가 곤란한 건물들을 주변에서 가끔 봅니다. 뒷일을 생각하지 않고 성급하게 건물을 짓는 것만큼이나, 영영 되찾지 못할 것을 지금 조금 불편하다고 쓰레기 소각장에 던져버리듯 부수는 일은 현명하지 못한 행동입니다. 모든 편의시설이 대부분 갖춰진 우리 도시에 이제 필요한 것은 생활을 더 편리하게 만들 시설이 아닌, 수십 년 후에도 남아 우리 삶을 윤택하게 만들 공간입니다.

내가 사는 도시가 바뀌면 나의 삶이 바뀔까요? 네. 당연히, 그리고 아주 크게 바뀝니다. 바르셀로나의 구도심은 낡고 어두운 집들로 가득해 밤에는 범죄가 빈번히 발생하던 곳인데, 이곳에 작은 광장이 생기고 미술관과 카페의 불빛이 어두운 동네를 밝히자 아주 짧은 시간에 활기를 되찾고 많은 사람이 즐겨 찾는 매력적인 장소로 변했습니다. 물론 우리 도시 속에도 이와 같은 사례는 수없이 많습니다. 온라인 속에서의 생활이 점점 늘어나지만 이럴수록 사람이 매력을 느끼는 공간을 만들고 그 속에서 직접적인 만남을 이끄는 노력이 필요합니다.

모든 사람이 입을 모아 멋지다고 말하는 파리의 매력은 화려한 루브르궁전이 아니라 길거리를 가득 채운 작고 소박한 카페, 좁은 뒷골목과 오래된 건물, 사람의 손길이 느껴지는 공원들에 있습니다. 곳곳에서 이 도시의 어제와 오늘의 이야기가 그대로 전해집니다. 도시가 풍요로우면 그 속에서 창의적이고 풍요로운 삶은 저절로 발현됩니다.

　도시는 다양한 사람들이 함께 사는 공간입니다. 사이좋게 서로 소통하고 협력하면서 살면, 그곳에 사는 사람들의 삶은 보다 풍요로워지고 행복해집니다. 그러려면 많은 사람 사이에 만남이 활발하게 이뤄지는 것이 중요합니다. 인류 문명의 꽃인 도시는 사람들의 교류를 통해서 발달해 왔습니다. 사회가 발전할수록 혼자만의 공간에서 나와 여럿이 함께 만나고 즐길 수 있는 공간이 점점 더 중요해집니다. 사회는 사람 사이의 만남을 통해 발전할 수밖에 없기 때문인데, 만남에는 공간이 반드시 필요합니다. 멋진 공간이 있으면 사람들은 이곳을 찾아 자연스럽게 만나게 됩니다.

　도시공간은 사람들의 삶의 모습과 그에 얽힌 이야기를 품고 있습니다. 도시를 찬찬히 들여다보면 우리는 수백 년 동안 쌓여온 이야기를 발견하는 놀라움과 즐거움을 느낄 수 있습니다. 우리가 지금 소중하게 아끼고 다듬는 작은 도시공간들은 다음 세대로 전해져, 더욱 흥미진진하고 풍부한 이야기로 채색될 것입니다. 수백 년간 이어진 긴 이야기책의 다음 장을 쓰는 것은 바로 지금의 우리입니다.

2019년 5월, 파리 세브르가에서

최민아

| 차 례 |

1장.

시간과 기억이 담긴
공간은 따뜻하다

편리함과
편안함

작년 봄, 프랑스 파리에 1년 동안 초청연구원으로 가게 되어 그동안 머물 집을 찾아야 했습니다. 어느 곳에 살든지 집을 찾는 것은 어려운 일인데, 특히 파리는 집이 부족하고 집값이 비싸기로 악명 높아 주변에 계신 분들이 걱정을 많이 해주셨지요.

"파리에 가면 어디에서 살 거예요? 집은 구했어요?"

안 그래도 저의 가장 큰 걱정거리 역시 집을 구하는 것이었습니다. 가뜩이나 파리에서는 집을 구하는 것 자체가 어려운데, 멀리 떨어진 아시아 끝자락에 사는 외국인이 파리의 집을 구하려면 상당히 운이 좋아야 가능한 일입니다. 그래서 파리로 떠나기 4~5개월 전부터 알아보기 시작해 겨우 두 달 만에 집을 구한 참이었습니다.

"네, 다행히 구했어요. 파리 6구인데, 파리 중심에서 가까워요."

"왜 파리 주변에 새로 개발한 신도시에 집을 구하지 않았어요? 거기가 더 쾌적하지 않나요?"

도시계획 전문가인 박사님이 건네신 질문에는 우리나라 사람의 눈으로 도시를 바라보는 생각이 들어 있었습니다. 그 박사님의 말씀 대로 파리는 매력적으로 보이지만 살기에 편하지는 않지요. 우리나 라 도시에서의 생활과 비교하면 매우 불편하다는 표현이 좀 더 정확 할 것입니다.

파리에는 18~19세기에 지어진 건물들이 많고, 그 이전에 지어 진 건물도 있습니다. 수세기 전에 돌로 지은 건물이 흔하다 보니 도 시 풍경은 고풍스럽지만, 도로는 울퉁불퉁하고 기본적인 냉난방이 나 엘리베이터 같은 편의시설이 없는 곳도 많지요. 파리의 호텔이라 고 사정은 다르지 않습니다. 방은 비좁고 창이 중정 쪽으로 나 있는 경우에는 해도 잘 들지 않아 카펫에서 퀴퀴한 냄새가 납니다. 게다 가 샤워 시설은 물도 잘 빠지지 않고 혹시 밖으로 물이 흘러나올까 봐 사용하는 것이 영 조심스럽습니다.

지저분하고 냄새나기로 유명한 파리의 지하철도 편리함과는 거 리가 멉니다. 좁고 어두워서 밤이 되면 무섭고 불안한 것은 기본이 고, 실제로 유모차를 끌고 파리 지하철을 타보면 고생은 이루 말할 수 없습니다. 물론 계단을 오르내릴 때 유모차를 함께 들어주는 친절한 사람도 많지만, 매번 그런 사람들을 기다릴 수도 없는 노릇입니다. 지하철 승강장까지 이어진 엘리베이터가 설치된 역은 새로 놓인 지하철 노선 몇 곳뿐이라, 만약 휠체어를 탔다면 파리의 지하철역 가운데 과연 몇 개나 이용할 수 있을지 궁금할 정도입니다.

물론 파리 지하철의 역사는 120년 가까이 되기 때문에, 처음 만들어질 당시에 오늘날 필요한 편의시설을 갖추기 어려웠던 것은 당연합니다. 하지만 선진국 프랑스에서 아직까지 장애인들이 모든 시설에 접근할 수 있고 편리하게 이동할 수 있어야 한다는 '배리어 프리Barrier Free' 개념을 지하철에 적용하지 않고, 100여 년 전 모습을 그대로 고수하고 있다는 것이 믿기지 않습니다.

보기에는 고풍스럽고 멋져 보이지만, 실제로 걸어보면 파리의 길은 참 불편합니다. 샹젤리제 거리나 광장처럼 충분히 넓은 공간은 상관없지만, 사람들은 폭이 2미터 남짓한 좁은 거리에도 어김없이 다닥다닥 테이블을 놓고 앉아 길가를 바라보며 차를 마십니다. 좁은 길에 카페 테이블과 의자가 자리를 차지하면, 얼마 안 남은 공간에 강아지를 데리고 산책 나온 사람, 쌍둥이를 태운 유모차를 미는 사람, 장바구니를 든 사람들이 서로 피해가며 매우 어수선하게 지나다녀야 합니다. 이때 비까지 오면 그 복잡함은 이루 말할 수 없지요.

하지만 지나가는 행인들은 아무도 카페 테라스에 대해 불평을

도시는 만남과 시간으로 태어난다

| 파리에서 흔히 볼 수 있는 주택과 거리의 모습. 겉모습은 고풍스럽지만 실제로 살아보면 엘리베이터나 주차장이 없는 경우가 많고 건물 내부는 오래된 구조라 편리함과는 거리가 멀다. 하지만 파리는 특유의 편안함 때문에 많은 사람이 찾는 도시이다.

하지 않고, 복닥거리는 가로에 앉아 커피를 마시고 신문을 읽고, 친구들과 즐겁게 대화를 나눕니다. 어찌 보면, 도로를 막고 앉아 통행에 불편함을 주는 것은 자신만을 생각하는 이기적인 행동입니다. 공공의 공간을 개인의 카페 영업장소로 이용하는 것도 이해가 안 갑니다. 게다가 사람이 코앞을 스쳐가는 곳에 앉아 자동차 매연을 맡으며 커피를 마셔야 한다니요. 하지만 파리에서는 이것이 바로 도시의 낭만이자 도시에 사는 즐거움입니다.

또 하나, 파리는 자동차를 갖고 생활하기가 매우 힘든 도시입니다. 사실 도시에서 가장 해결하기 어려운 문제 중 하나는 바로 주차 공간입니다. 아무리 새로운 주차장을 만들고 만들어도 차를 댈 공간이 항상 부족하거든요. 파리 건물들의 상당수는 자동차가 없던 옛날에 지어진 석조건물이다 보니, 지하에 주차장을 만들 수 없는 경우가 대부분입니다. 그런데 파리는 새로 주차장을 만들기는커녕 있는 주차장도 줄이고, 오히려 차가 다니는 도로까지 막아 인도를 넓히고 있습니다. 건물을 새로 지을 때에도 주차장을 아예 안 만들거나 될 수 있으면 적게 만들고요.

그럼 파리에 자동차를 타고 온 사람은 어떻게 할까요? 파리 사람들은 주로 길가에 주차를 하는데, 얼마 전까지 최대로 주차할 수 있는 시간이 겨우 두 시간으로 매우 짧았습니다. 빈자리를 찾는 것이 이미 쉽지 않은 일인데, 어렵사리 빈자리를 찾아 차를 세워놓아도 두 시간이 지나면 다시 새로 주차 티켓을 끊어야 하고, 그렇지 않으면 비싼 벌금을 내야 합니다. 작년부터 주차를 할 수 있는 시간이 늘어났지만 매우 비싼 요금을 내도록 해서 세 시간 주차를 하면 우리나라 돈으로 약 3만 원, 다섯 시간 주차를 하면 약 5만 원을 내야 합니다. 그러니까 가능하면 도시에 차를 갖고 오지 않는 것이 가장 좋고, 어쩔 수 없이 차를 타고 오면 빠른 시간 내에 일을 보고 다른 사람에게 자리를 내주라는 얘기입니다. 차를 타는 사람의 편의성을 생각하지 않는다는 불평은 파리에서 통하지 않습니다.

　　　　　　　　　　　　　도시는 만남과 시간으로 태어난다

그래서 파리에 사는 사람들 중에는 자동차가 없는 사람이 많습니다. 짧은 간격으로 지하철이나 버스 정류장이 있어 자동차가 굳이 필요하지도 않지만, 주차 공간이 딸린 집을 찾기도 어렵고, 별도의 주차 공간을 갖추기 위해서는 많은 비용과 시간이 들기 때문입니다. 도시는 사람을 위한 공간이지 차를 위한 공간이 아니라는 메시지를 강하게 전하는 파리는 항상 자동차를 타고 다니는 것에 익숙한 사람들에게 더할 나위 없이 불편한 도시라고 할 수 있지요.

그런데 이렇게 불편한데도 파리는 세계에서 가장 아름다운 도시라고 불립니다. 그리고 이곳에 와서는 누구도 불편하다고 불평을 하지 않습니다. 그 이유는 무엇일까요? 편리함으로 따지면 우리나라 아파트처럼 편한 곳을 찾기 힘들 겁니다. 지하 주차장이 집 앞까지 연결되고, 집을 나가기 전에 엘리베이터도 미리 불러놓을 수 있습니다. 실제로 한국 사람들은 파리 시내에 살기를 불편해하고, 우리나라처럼 타워형 아파트와 대형 쇼핑센터가 많은 서쪽 외곽의 '라데팡스La Défence' 지역을 좋아한다고 합니다.

라데팡스는 우리나라 신도시와 비슷한 환경인데, 우리나라든 유럽이든 콘크리트로 지어진 아파트로 가득한 도시의 얼굴은 서로 엇비슷합니다. 단조롭고 메마른 느낌이 크게 다르지 않지요. 건물을 빨리 짓기 위해 1층부터 20층까지 똑같은 스타일의 집을 층층이 쌓아올려 윗집과 아랫집, 옆동과 뒷동의 모습이 같고, 높고 튼튼한 건물을 짓는 데 사용하는 재료도 제한적이다보니 그 모양이 단조로울 수밖에 없습니다. 이렇게 만들어진 도시는 사람들이 걷고 바라보는 기준으로 공간을 만들기 어렵고, 다양한 사람의 취향을 반영하기란 더욱 어렵습니다. 그래서 제가 만난 프랑스 건축가나 도시 전문가들은 우리나라 신도시를 방문하거나 사진을 보면 매우 놀란답니다. 그들의 시각에는 똑같은 모양의 주택 모델로 도시를 채웠다는 점에 우선 놀라고, 많은 사람이 이런 곳에 살고 싶어 한다는 점에 한 번 더 놀라지요.

미국 세인트루이스의 대규모 아파트 단지인 '프루이트 아이고Pruitt-Igoe'는 1954년에 매우 야심차게 지어진 공공주택으로, 모든 공간이 기능적으로 세심하게 계획되어 지어졌습니다. 이 단지는 편리하고 현대적인 주거시설은 물론 커뮤니티 공간까지 갖추며 건축적인 기능을 훌륭하게 충족시켰지만, 오래지 않아 범죄자들의 소굴이 되고 약탈과 폭행 같은 심각한 사회 문제가 발생하여 건축된 지 18년 만인 1972년 폭파되고 맙니다. 20세기 초, 기능과 효율을 우선시하며 전 세계에 유행했던 모더니즘 도시계획에 종지부를 찍은 사건이었지요.

이 사건으로 인해 편리함은 도시 환경이 요구하는 일부 조건일 뿐 전체가 될 수 없음을 알게 되었습니다. 우리는 모든 것이 완벽한 도시 환경을 절대로 가질 수 없습니다. 이 세상에 자동차가 집 바로 앞까지 오면서 소음이 없고, 안전하고, 녹지가 가득하고, 새가 우는 아름다운 공간은 없습니다. 집 앞에 나무가 많고 새소리에 잠을 깨고 싶은 사람은 차를 조금 멀리 대고 걸어와야지만 자동차 소음과 매연에서 벗어나 녹지와 새소리를 가까이할 수 있습니다. 바꿔 말하면 집 앞까지 자동차로 오는 것은 편리함이고, 새소리와 나무, 풀이 가득한 공간이 주는 느낌은 편안함입니다.

제가 지금 사는 곳은 엘리베이터가 없는 18세기 건물의 4층입니다. 덕분에 마실 물과 우유, 쌀을 매일 조금씩 사서 계단을 걸어 올라가야 하지요. 무거운 짐을 한 번에 많이 들고 올라갈 수 없기 때문입니다. 만일 유모차에 태워야 하는 어린아이를 키우거나 다리를 다쳐목발을 짚은 사람이 매일 이 계단을 오르내려야 한다면 얼마나 힘들까요?

게다가 옛날 건물이라 겨울에는 매우 춥습니다. 100년도 전에만들어져 쇠손잡이를 돌려 여닫아야 하는 옛날 나무창은 잘 움직이지 않고, 얇은 유리 한 장뿐인 창문에서는 창틈 아래로 매서운 겨울바람이 인정사정없이 들어옵니다. 덕분에 있는 대로 옷을 껴입고 살아야 하지요. 또, 창이 얇아 외부와 내부가 제대로 분리되지 않다 보니 집 앞 건너편 건물 계단에서 누군가가 얘기하는 소리도 다 들리고, 옆집에서 파티라도 열면 새벽 3시까지 잠을 이루지 못하는 날도부지기수입니다. 배관설비도 옛날 건물에 억지로 맞춰넣다 보니 물새는 일도 빈번하고요.

하지만 옛 건물의 외관이나 창호를 고치려면 기존 건물의 모습과 크게 달라지지 않도록 허가를 받아야 하니, 마음대로 이중창으로 갈아 끼우지도 못합니다. 겉으로 보기엔 멋지고 고풍스러운 건물이라도 실제로 안에서 살아보면 불편하고 힘든 일이 한두 가지가 아닙니다. 평생 우리나라 아파트에서만 살다가 온 사람이라면 한 달을 못 버티고 한국으로 도망가고 싶을지도 모릅니다.

하지만 파리가 매력적인 것은 초현대적이고 세련된 신개선문 La Grande Arche(라 그랑드 아르슈)이 있는 라데팡스 지역 때문이 아닙니다. 파리를 찾는 사람들도 편리한 주차나 깨끗한 환경을 기대하지 않습니다. 거리에 개똥도 많고, 지하철은 냄새나고, 화장실은 찾기 힘들고, 길이 좁아 차가 늘상 막히지만, 그래도 많은 사람이 파리에 오고 싶어 하고, 이 도시의 매력을 늘어놓습니다. 만약에 이 도시를 자동차에 맞춰 길을 넓히고, 이용하기 편리하게 현대식으로 건물을 고치고, 주차 공간을 이곳저곳에 만들었다면 지금과 같은 고풍스러움과 매력은 느껴지기 어렵겠죠.

파리를 걷다 보면 편안함을 느낍니다. 거리 어디에나 카페나 작은 공원이 있어 언제든지 앉아 쉴 수 있고, 도시가 크지 않아 원하는 곳 어디나 걸어서 갈 수 있기 때문입니다. 100여 년 전에 만들어진 건물에서는 오랜 시간이 전해주는 깊이와 품격이 느껴지고, 높지 않은 건물들이 둘러싸고 있어 따뜻한 느낌마저 듭니다. 차곡차곡 시간이 쌓인 모습과 그 도시의 모습을 아끼고 그에 맞춰 살아가는 사람들의 모습이 조화를 이루고 있기 때문이지요. 그래서 파리는 편리함과는 거리가 멀지만, 많은 사람이 따뜻함과 편안함을 느끼고 아름다운 도시라고 입을 모아 칭찬합니다.

골목, 마당,
공터의 매력

저는 서울 강북에서 태어나 그곳에서 자라 대학을 졸업했고, 직장도
다녔습니다. 유학 시절을 제외한다고 해도 30년 넘게 그곳에서 살았
으니 '강북 토박이'인 셈이고, 서울의 예전 모습을 매우 잘 기억하고
있습니다. 제가 어릴 적 서울의 모습은 지금과 매우 달랐습니다. 지
하철이 2호선까지밖에 없었고, 강남에는 코엑스가 막 들어서서 과
학 박람회가 열렸습니다. 백화점도 지금처럼 많지 않았고, 시내버스
는 냄새가 많이 났었죠. 어느 날 아침 자고 일어나보니 파란색 시내
버스가 미색 바탕에 보라색으로 바뀌어 있어, 저 불안한 색깔에 둘
러싸여 앞으로 어떻게 지내야 하나 걱정했던 기억이 지금도 생생합

니다.

　도시의 모습이 달랐던 만큼 제가 자란 공간도 여러분이 살고 있는 공간과 달랐습니다. 제가 자라면서 놀았던 곳은 골목과 마당이었습니다. 동네에 있던 공터는 벽돌을 쌓아 집을 만들고 놀기에 딱 좋았고, 토끼풀이 많아 꽃반지를 만들거나 소꿉놀이를 할 수도 있었습니다. 물론 놀이터도 있었지만 아이들은 동네 여기저기를 뛰어다니면서 놀았습니다. 골목에서 술래잡기를 했고, 여름에는 마당 수돗가에서 물을 떠서 공터로 가져가 물싸움을 했지요.

　1980년대 말까지 서울의 주택가는 매우 조용했고 낮 시간에는 자동차도 많이 다니지 않아 아이들에게는 안전한 놀이터였습니다. 학교가 끝나고 아이들이 돌아오는 시간이면 엄마들은 집 앞 골목에서 수다를 떨곤 했고요. 굳이 카페에 가지 않아도 이웃사람들을 쉽게 만날 수 있었고, 아이들의 학교생활, 집안 이야기를 편안하게 나누면서 아이들이 노는 모습도 지켜볼 수 있었습니다. 이렇게 살다 보면 옆집에 어떤 일이 일어나는지, 어느 집 아이가 말썽을 부리고 어느 집 아이가 공부를 잘하는지 굳이 학교 선생님을 통하지 않아도 알 수 있었습니다. 간혹 아이가 준비물을 빼먹고 학교를 가면 옆집 아이를 통해 전달해주기도 했지요.

　일층이나 이층집들이 고만고만하게 서로 담을 면하고 붙어 있는 동네는 건물이 낮아 볕이 잘 들고 조용했습니다. 파란색, 초록색, 검

은색 대문이 나란히 늘어서 있고 어른 키 만한 담으로 둘러싸인 골목 안으로 마당에 심어진 목련이나 대추나무 들이 훌쩍 자라 초록색 자연이 늘 함께했고, 굳이 공원이 따로 없어도 계절이 바뀔 때마다 예쁜 풍경을 만들어줬습니다. 아침이면 누가 시키지 않아도 동네 사람들이 길을 청소해 항상 깨끗했고요.

골목은 아무에게도 속하지 않은 공간이지만 동시에 모든 사람의 공간이었고, 아이들은 골목에서 지나다니는 차를 걱정하지 않고 공을 차고 자전거도 타고 뛰어놀았습니다. 한적한 낮에는 두부 장수나 야채 장수가 지나가는 소리도 들렸고요. 그 소리를 듣고 집에서 엄마들이 반찬거리를 사러 삼삼오오 나오셨지요. 아마도 요즘 말하는 커뮤니티라는 것이 바로 이런 것이 아니었나 싶습니다.

하지만 조용한 주택가에 다세대 주택들이 들어서기 시작하면서 우리 도시 속에 담겨 있던 골목과 마당, 공터가 사라졌고, 사람들의 생활도 달라지기 시작했습니다. 다세대 주택으로 채워진 골목은 아이들이 놀 수 있는 공간이 아닌 주차를 위한 좁은 통로가 됐고, 한 집을 4층까지 빽빽하게 올려 여러 가구가 함께 살다보니 골목은 컴컴해지고, 이젠 어느 집에 누가 사는지 안다는 것이 매우 어려운 일이 되었지요.

사람들이 모일 공간이 없어지니, 누구와도 만나기 어렵게 됐습니다. 물론 아파트 단지로 바뀐 동네는 아예 예전의 모습을 찾아볼 수 없게 변해버렸습니다. 편리함으로 무장한 아파트 단지가 들어서면서 한때 서울 곳곳에서 보이던 한가로운 주택가 모습은 사라지고, 우리 도시가 기존에 갖고 있던 편안하고 조화로운 매력도 찾아보기 힘들어졌습니다.

예전에 학교를 가는 길에는 작은 문방구와 분식점이 있었고, 신발가게나 옷가게, 쌀가게도 있었습니다. 선생님이 아침 조회시간에 가지 말라고 강조하시는 만화가게나 오락실도 있었고, 약국이나 빵집도 있었습니다. 동네와 쇼핑센터를 구분하지 않아도, 생활에 필요한 모든 공간이 자연스럽게 연결되어 있었지요. 하지만 갑작스럽게 아파트 단지가 늘어나고, 모든 사람이 그곳에 살고 싶어 하면서 길게 늘어섰던 작은 가게들이 단지 내 상가로 들어가 길에서 자취를 감추게 됐습니다. 그리고 도시가 빠른 속도로 변하면서 아파트에서 태어나 평생 아파트 아닌 곳에서 살아본 적 없는 사람들도 상당히 많아졌습니다. 주택가가 사라지고, 골목길이 사라지고, 학교 가는 길이 사라지자, 작은 가게와 이곳을 뛰어놀던 아이들도 함께 사라졌습니다.

30년 전만 해도 서울 이곳저곳에 많이 남아 있던 주택가를 이제는 찾아보기 쉽지 않습니다. 재건축과 재개발의 바람이 전국을 훑고 지나가면서 아파트를 올릴 수 있는 곳이라면 어디든 초고층 아파트가 들어섰고, 대로변이나 산등성이에도 이곳저곳 20~30층 넘는 아파트 단지가 들어섰습니다. 아파트 열병이 휩쓸고 지나가자, 사람들은 슬슬 사라진 것과 이전 도시 속에 있던 공간에 대한 아쉬움을 느끼고 있습니다.

그래서인지 신도시의 초고층 아파트 단지에 'ㅇㅇ마을'이라는 이름을 붙여보지만, 그 이름을 듣는다고 이를 정감 있다고 느끼기란 쉽지 않습니다. 마을은 몇십 채의 집이 옹기종기 모여사는 촌락을 부르는 이름이라 주로 시골에서 많이 쓰이는 표현이거든요. 1,000세대도 넘게 사는 신도시 아파트 단지에 붙인 '정든마을 4단지'라는 희한한 이름은 저에게 매우 어색하게 느껴질 뿐입니다. 제 머릿속의 마을은 집들이 옹기종기 모여 골목길이 있고, 그곳에 사는 사람들이 서로 일상을 나누는 공간인데 말이지요.

그러다 보니 많은 사람이 다시 길이 있고 골목이 남아 있는 장소를 찾기 시작했고 이런 공간을 발견하면 반가워하게 되었습니다. 사람들이 즐겨 찾는 서울의 혜화동, 서촌, 연남동 같은 곳들은 아직 골목과 작은 가게 들이 남아 있는 곳입니다. 이곳에 가면 담장에 덩굴장미가 핀 골목과 작은 마당이 있는 집들이 마주하고 있어 아늑한 느낌이 듭니다. 이런 곳이야말로 '동네'나 '마을'이란 단어가 어울립니다.

이곳은 윗집과 아랫집이 똑같고 옆동과 뒷동이 모두 엇비슷한 아파트 단지와 달리 집집마다 모양과 색깔과 크기가 다르고, 골목

골목마다 느낌이 다릅니다. 아파트 단지에서는 동 벽면에 크게 쓰여 있는 숫자를 봐야 집을 찾을 수 있지만, 이곳에서는 골목의 형태와 깊이, 집들의 모양으로 가야 할 곳을 찾을 수 있습니다. 사람들이 자연스레 모여드는 공간은 바로 이런 공간입니다. 많은 사람이 이런 곳에서 느껴지는 포근하고 한적한 느낌을 그리워하기 때문입니다.

학교 운동장이
간직한 추억

집과 골목에서만 뛰어놀던 아이가 처음으로 넓은 세상과 만나는 곳은 학교입니다. 물론 그전에 유치원에도 다니지만 유치원 건물은 그리 크지 않고, 선생님이 늘 현관까지 마중을 나와 헤매는 일이 거의 없지요. 하지만 학교는 전혀 다릅니다. 어린아이의 눈에는 아주 커다란 공간이지요. 특히 학생 수가 많은 편인 우리나라 학교는 건물의 규모가 매우 크고 길며, 교실이 모여 있는 본관 외에 강당과 운동장도 있습니다.

우리나라 학교 운동장은 매우 특징적인 모습입니다. 햇볕을 받아 학생들이 춥지 않게 남쪽을 향한 건물 앞에 위치한 운동장은 1년

| 학교 운동장은 학생뿐만 아니라 모든 사람에게 사랑받는 장소이다. 남쪽을 바라보며 넓게 열려 있는 공간은 이른 아침부터 늦은 밤까지 누구나 원하는 모습으로 머물고 이용할 수 있다.

내내 빛이 잘 들고 환합니다. 100미터 달리기를 하기 위한 긴 트랙은 건물 가까이에 그려져 있고, 크게 한 바퀴 빙 돌 수 있게 그려진 육상 트랙 양쪽 끝에는 축구 골대가 놓여 있죠. 또 건물에 가까운 중앙 부분에는 구령대라고 부르는 시설물이 설치돼 있습니다. 구령대는 전교생이 운동장에 모여 조회를 했던 시절, 교장선생님이 올라가서 말씀을 하시는 곳이었습니다.

　운동장 주변을 따라 플라타너스나 은행나무처럼 큰 나무들이 심어져 있고, 한켠에는 등나무 넝쿨이 그늘막 역할을 맡은 쉼터가 있습니다. 기본적인 구조는 초등학교나 중학교, 고등학교 가릴 것 없이 모두 비슷하지만, 초등학교에는 이와 함께 운동장 한구석에 정글짐이나 철봉, 모래밭이 곁들여져 어린이들이 뛰어노는 공간임을 좀 더 확실하게 알려줍니다.

얼핏 보면 황량하게 느낄 수도 있지만, 운동장은 10여 년 동안 학교생활을 하는 학생이나 인근의 주민들이 아끼고 기억하는 공간입니다. 등교 시간에 경쾌한 행진곡이 울려퍼지면 아이들은 신발주머니를 달랑거리며 교실로 향하고, 쉬는 시간이나 점심시간 종이 울리면 우루루 쏟아져 나와 운동장을 가득 메웁니다. 종이 울리는 시간이 일정하다 보니 오후 종소리가 들리면 가까이에 사는 가족들은 곧 아이가 돌아오겠거니 생각하지요.

지금은 학교 강당에서 열리지만, 예전에는 운동장에서 입학식과 졸업식을 진행했습니다. 왼쪽 가슴에 하얀 손수건과 이름표를 단 1학년생들이 반마다 한 줄로 길게 줄을 서 운동장을 가득 채웠지요. 부모님은 걱정스러운 마음 반 자랑스러운 마음 반으로 아이들 주변을 둘러싸고, 구령대 위 선생님의 지휘에 맞춰 처음 듣는 교가를 부르고 나면 비로소 학교의 첫날이 시작되지요. 처음 세상과 만나는 학교생활을 시작하는 장소이니만큼, 그 자리에 있었던 아이에게나 엄마 아빠, 할머니 할아버지에게도 운동장은 중요한 공간으로 자리매김합니다.

익숙하지 않은 공간에 첫발을 들여놓고 3년이나 6년이 지나면 다시 운동장에서 졸업식을 하고 학교를 떠나게 됩니다. 매일 아침 이곳을 지나 교실로 향하고 틈날 때마다 뛰어논 덕분에 운동장은 학교에서 가장 기억에 남는 공간일 것입니다. 봄이나 가을이 되면 모든 학년이 모여 체육대회나 운동회를 열고, 무더운 여름날 체육시간을 마치고 수돗가에서 물을 마시며 더위를 잠시 잊기도 했을 테니까요. 등나무 넝쿨 아래에서 친구들과 시간 가는 줄 모르고 비밀 이야기를 나누기도 했을 테고요.

학생들이 집으로 돌아간 저녁이나 주말에도 학교 운동장은 다양한 사람들로 가득합니다. 팔을 90도로 휘두르며 트랙을 빙빙 돌면서 운동하는 사람, 자전거를 타거나 배드민턴을 즐기는 가족들이 밤 시간의 학교 운동장을 채웁니다. 독서실에서 공부하다가 잠깐 나와 농구를 하는 아이들도 있고, 계단에 앉아 핸드폰을 하는 아이도 있지요. 그뿐인가요? 주말 아침이면 새벽부터 활기를 띠어 조기축구를 하며 땀을 뻘뻘 흘리던 한 무리의 사람들이 빠져나가면 다시 야구나 축구를 하는 아이들이 하나둘 모여듭니다.

학교 운동장은 평일부터 주말까지, 그리고 새벽부터 밤늦은 시간까지 다양한 사람들로 채워집니다. 운동장에 서 있는 나무들은 계절마다 달라지는 모습으로 그 사람들을 맞고, 교정의 예쁜 꽃나무들도 개나리, 철쭉, 벚꽃, 라일락, 국화처럼 계절마다 다른 꽃을 피워

계절과 시간을 알려줍니다. 이처럼 다양한 활동들은 커다랗게 빈 운동장이 있기에 가능한 일입니다. 크고 단순해 보이는 공간이지만 그 안에는 우리가 쉬고, 움직이고, 활력을 얻기에 필요한 요소들이 있습니다.

한때 학교 운동장에 초록색 인조잔디를 까는 것이 유행처럼 번졌었지만, 이제는 다시 굵은 모래가 깔린 운동장이 돌아오고 있습니다. 굵은 모래는 한옥 앞마당이나 우리나라 전통 마당에 깔려 있던 것입니다. 흙과 자연을 접할 수 있는 공간이 점점 줄어드는 도시 환경 속에서는 학교 운동장에 넓게 깔린 흙을 보고 밟는 것만으로도 자연과 좀 더 가까운 거리를 유지할 수 있습니다. 비가 오면 질척해진 흙 위로, 겨울이 되면 하얗게 쌓인 눈 위로 발자국이 남는 운동장은 우리가 고도로 도시화되기 이전에 거쳐왔고 살았던 공간을 기억하게 해줍니다. 그리고 이곳에서 우리는 예나 지금이나 같은 동네에 사는 이웃들을 만납니다.

외국의 학교는 우리처럼 열려 있는 공간이 아닙니다. 아이들을 보호해야 하기 때문에 외부인과 학부모의 출입이 철저하게 차단되고, 저녁이나 주말이라 해도 출입문이 굳게 잠겨 있어 동네 주민들이 들어갈 수 없지요. 하지만 우리나라 학교 운동장은 좋은 인심을 내보여서 학생들이 사용하지 않는 시간은 필요한 사람들이 사용할 수 있도록 열려 있습니다. 소박하고 장식이 없는 공간이기 때문에

도시는 만남과 시간으로 태어난다

오히려 사람들마다 필요로 하는 수많은 모습을 넉넉하게 담아낼 수 있는 거지요. 훌쩍 자라 어릴 적 한없이 넓게만 보이던 운동장이 아담하게 느껴지고, 높았던 책상과 의자가 작게 느껴지면 아이들은 학교를 떠납니다. 하지만 그 이후에도 운동장이란 열린 공간을 통해 학교는 평생 동안 모든 사람의 일상, 좋은 기억이 새록새록 쌓이는 공간으로 우리와 함께합니다.

도서관의 시간은
천천히 흐른다

학생들이 수업을 마치고 집으로 돌아간 이후에야 열린 공간이 되는 학교와는 달리, 도서관은 아침부터 밤까지 우리를 기다리고 있습니다. 도서관은 이용료가 거의 무료인 데다, 100원짜리 동전 몇 개만 있으면 자판기에서 음료를 뽑아 마시면서 여유로운 시간을 보낼 수 있어 더욱 좋습니다. 규모가 큰 국립도서관이나 국회도서관처럼 들어가는 순간 절로 엄숙해지는 도서관도 있지만, 동네의 작은 어린이도서관이나 구립도서관은 편안하게 들려 읽고 싶은 책을 빌려오고 산책을 하거나 가벼운 문화 강좌를 들으러 찾는 부담 없는 공간이지요. 우리는 어릴 때는 부모님 손을 잡고 가고, 학생일 때는 시험 준비나 전문적인 자료를 찾으러 가고, 사회인이 되면 여가생활을 위한 책을 빌리거나 산책을 하러 도서관에 들립니다.

따라서 도서관에는 여러 연령층의 사람에게 맞춘 다양한 분야의 책들이 모여 있습니다. 영화, 신문, 지도, 그림 같은 다양한 자료를 대부분 무료로 볼 수 있는 데다 굳이 사지 않아도 새로 나온 책을 빌릴 수 있고, 찾기 힘든 오래된 책이나 자료도 읽을 수 있어, 서점과는 다른 오래된 시간에 대한 매력이 넘치는 공간이라고 할 수 있습니다. 게다가 요즘은 도서관에서 다양한 강연을 열거나 영화를 상영해 줘서 동네의 중심이 되어가고 있지요.

고대 이집트의 알렉산드리아 도서관은 B.C. 220년에 세워졌고, 종이와 책의 분류법을 발명한 고대 중국에도 이미 B.C. 1,000여 년에 도서관이 있었다고 합니다. 우리나라에서는 고구려의 경당扃堂으로 도서관의 역사가 시작됐습니다. 고려와 조선 시대에는 왕실문고와 나라의 역사를 보관하는 사고史庫와 사찰이나 개인의 문고도 있었다고 합니다.

하지만 인류와 수천 년의 역사를 함께한 도서관은 주로 글을 읽을 수 있는 왕족, 귀족이나 성직자 같은 특권층에게만 제한된 공간이었습니다. 금서를 지키기 위해 중세 유럽의 베네딕트 수도원에서 벌어진 연쇄살인사건을 그린 움베르트 에코의 《장미의 이름》이란 책을 보면 당시 책을 접할 수 있는 사람이 얼마나 제한적이었는지,

글과 지식에 대한 사회 분위기를 간접적으로나마 느낄 수 있습니다. 하지만 19세기에 들어 교육이 의무화, 무료화되면서 일반 시민들도 글을 읽고 이해할 수 있게 되자, 도서관은 책과 지식을 접할 수 있는 장소로 비로소 시민의 품으로 돌아왔습니다.

서울에 있는 정독도서관이나 남산도서관에 가보면 서울의 100여 년 역사가 한눈에 느껴집니다. 정독도서관이 도서관으로 사용된 지는 40년 정도이지만, 100년 가까운 시간 동안 서울의 중심이자 역사의 중심으로 자리잡고 있었거든요. 사실 정독도서관은 1900년에 조선 조정이 직접 학생들을 교육하기 위해 김옥균의 집터에 만든 학교였습니다. 지금 우리가 사용하는 건물은 1936년에 만들어지고, 사료동은 1920년에 지어졌지요. 일제강점기 동안은 경기보통학교, 경기공립중학교로 사용하다가 6.25전쟁 이후에는 미군 통신부대가 이 건물을 사용했고, 1956년부터는 다시 경기고등학교가 되었습니다. 그러다가 1976년 경기고등학교가 강남으로 옮겨가자 도서관으로 변해 지금까지 많은 사람이 찾고 있습니다. 하나의 도서관에 구한말부터 일제강점기, 6.25전쟁, 서울 발전의 역사가 그대로 담겨 있는 셈입니다.

정독도서관에 남아 있는 시간은 공간에서도 그대로 전달됩니다. 가회동이나 안국동에서 올라와 두 길이 만나는 작은 오르막길을 돌아 올라가면 넓고 여유 있는 뜰이 나타나는데, 수십 년 동안 정성들여 관리한 관목이 사람들의 마음을 평화롭고 여유롭게 만들어줍니다. 좀 더 안쪽으로 깊이 들어가면 1930년대에 세워진 긴 형태의 건물, 중앙의 높은 아치 현관, 학교 복도로 연결된 조용한 서가, 닳아서 반들반들해진 낮은 중앙 계단이 시간의 정취를 그대로 담고 있습니다. 예전에 이곳이 학교였음을 알려주는 등나무 그늘과 벤치까지 모든 것이 번잡한 서울의 도심이라고는 믿기지 않게 예전 모습을 잘 간직하고 있지요. 그리고 정독도서관이 자리를 지키고 있는 덕분에, 사람들은 빠른 속도로 변해가는 주변 풍경에 휩쓸리지 않고 안국동과 가회동의 옛 모습을 기억할 수 있습니다.

안국동과 가회동은 서울의 흔적이 잘 남아 있는 동네이지만, 몇 년 만에 찾아가면 주변 모습이 달라진 경우가 많습니다. 그런데 이곳에 정독도서관이 자리한 덕분에, 주변 가게들의 간판이 변하고 새로운 건물이 들어서도 동네의 풍경이 변하지 않은 것처럼 느껴집니다. 상업시설로 가득한 도심에서 오래도록 한곳을 지키는 장소는 믿음직한 이정표가 되고 오랜 나무 같은 여유를 안겨줍니다.

프랑스 파리에도 정독도서관과 비슷한 도서관이 있습니다. 바로 팡테옹Panthéon(지하에 프랑스 위인들의 무덤이 있는 신고전주의 건물) 옆에 있는 '생 쥐느비에브 도서관Bibliothèque Sainte-Geneviève'입니다. 이 도서관은 천주교의 추기경에 의해 기틀을 잡고 발전한 곳인데, 17세기부터 본격적으로 규모를 키우다 프랑스혁명을 거치며 국가재

| 생 쥐느비에브 도서관은 프랑스 최초로 일반인들에게 개방된 공공장소로 큰 역사적 의미를 지닌
다. 매년 9월 셋째 주 주말인 문화유산의 날이면 이곳을 찾아 자신이 이곳을 즐겨 찾던 시절을 애
기하는 사람들을 만날 수 있다.

산이 되었고, 이후 1851년에 건축가 앙리 라브루스트Henri Labrouste,
1801~1875가 새로 설계했습니다. 열람실에 들어서면 19세기 중반에
건물과 함께 디자인된 의자에 앉아 달과 별이 장식된 아름다운 철골
건축물과 서가, 그리고 이성과 감성을 모티브로 장식된 아름다운 공
간을 볼 수 있습니다. 바깥 세상에 영향받지 않고 학문에만 몰두할
수 있는 동시에 빛이 쏟아지는 환하고 열려 있는 공간을 만들고자
한 건축가의 의도가 이전에는 존재하지 않았던 경건하고 아름다운
도서관을 탄생시켰습니다.

도시는 만남과 시간으로 태어난다

이 도서관은 건축물 자체가 유네스코 세계문화유산으로 지정되어 큰 가치를 갖는 곳으로, 19세기 최고의 건축기술과 철학이 깃들어 있습니다. 투시 효과를 최대한 살린 시원한 공간감과 철골 아치를 사용한 솔직한 장식은 감탄을 자아냅니다. 이곳 서가에는 시민들이 열람할 수 있는 책이 가득 꽂혀 있는데, 그 옛날 학자들과 같은 서가에서 책을 고르고 같은 의자에 앉아 책장을 넘긴다는 경험은 감동 그 자체입니다.

건축적인 아름다움만큼 감동적인 것은 도서관이 만들어진 순간부터 지금까지 지켜지는 원칙입니다. 생 쥐느비에브 도서관은 라브루스트가 다시 짓기 전인 18세기 프랑스에서 일반인에게 개방한 최초의 도서관입니다. 이 도서관은 성인이면 누구나 아침 8시부터 밤 10시까지 자유롭게 이용할 수 있는데, 개관한 당시부터 지금까지 그 원칙을 그대로 지키고 있습니다.

물론 건축사적으로도 가치가 높고 아름다워 문화유산으로 지정된 건물을 보존하려면 일반인들의 접근을 제한해야 한다는 목소리도 있습니다. 하지만 이 도서관은 프랑스의 모든 사람에게 열려 있는 공공장소로서 가장 큰 의미가 있기 때문에, 오늘도 200년 전의 원칙에 따라 개방되고 있습니다. 그러다 보니 이 도서관은 80세가 넘은 할머니나 50세가 넘은 아저씨처럼 연세 많은 분들이 젊은 시절 공부하고 자료를 찾던 기억도 구석구석 자리 잡고 있습니다.

서울과 파리의 두 도서관처럼, 도서관에는 변해가는 도시의 옛 모습이 그대로 담겨 있고, 그 공간을 즐겨 찾던 사람들의 기억이 함께 남아 있습니다. 이전에 알던 익숙한 모습과 장소가 남아 있다는 사실만으로 우리는 편안함을 느낍니다. 굳이 특별하게 디자인하지 않아도 소박한 공간, 오래도록 변하지 않고 남아 있는 장소, 정성을 들여 가꾼 나무와 풀들이 자라는 도서관에선 굳이 책을 읽지 않더라도 언제나 편하게 찾아 시간을 보내고 산책을 즐길 수 있습니다. 모든 사람에게 열려 있는 공간이기에 사람들은 바람을 쐬고, 햇살을 받거나 친구를 만나기 위해 이곳에 모여 휴식을 취합니다. 도서관처럼 평범한 저녁을 산책으로 마무리하게 만드는 장소야말로 우리 생활을 여유롭게 만드는 공간 아닐까요?

기차역과
항구

기차역과 항구는 사람이 머물기 위해 만들어진 곳은 아니지만, 기억에 깊이 남는 장소, 도시를 기억하게 하는 장소입니다. 이곳을 거쳐야만 사랑하는 사람을 만날 수 있고, 집으로 돌아갈 수 있기 때문이지요. 해외여행이 일상이 되어버린 지 오래고, 국내 여행도 비행기를 이용해 떠나는 사람도 많아져서 요즘에는 공항이 그 자리를 빠르게 대체하고 있지만, 누군가는 이곳에서 헤어짐에 아쉬운 눈물을 흘리기도 했을 것입니다.

　설날이나 추석이 가까워지면 한 달 전부터 기차표 예매가 시작됩니다. 아침 6시에 시작되는 예매를 위해 사람들은 새벽부터 컴퓨터 앞에 대기하고 있다가 재빠르게 표를 사는데, 인터넷으로 표를 사지 못한 사람들은 직접 기차역에 가서 몇 시간 동안 줄을 서거나 아예 자리를 잡고 기다려 표를 구해오기도 하지요. 이 표를 통해 사람들은 기차역을 거쳐 고향을 찾아가고, 다시 집으로 돌아옵니다. 집으로 돌아가는 길에는 준비한 선물들로, 오는 길에는 받은 음식과 선물들로 두 손이 한가득입니다.

며칠간의 짧은 만남이 아쉬워서 사람들은 기차역까지 마중 나오고, 기차가 떠날 때까지 배웅하며 손을 흔들지요. 우리나라에 처음 들어온 기차는 1899년 경인선입니다. 그 이후 120년 정도 시간이 흘렀지만, 기차역의 풍경은 여전히 비슷합니다. 증기기관차와 통일호를 KTX가 대신하고 공항을 연상시키는 멋지고 새로운 역사가 들어섰지만, 떠나는 사람과 떠나보내는 사람들로 북적이는 모습은 그대로입니다.

대도시 기차역의 모습은 우리나라뿐 아니라 어느 나라나 비슷합니다. 사람들이 표를 사는 널찍한 중앙 홀에는 기차가 떠나고 도착하는 시간을 볼 수 있도록 커다란 전광판이 높게 달려 있습니다. 그 아래에는 앉아서 쉴 수 있는 자리가 마련되어 있고요. 홀을 통해 더 안쪽으로 들어가면 기차가 도착하고 출발하는 철로와 그 양측으로 사람이 타고 내리는 플랫폼이 있습니다. 기차선로 사이에 기둥을 놓을 수 없으니, 기차역은 철골로 된 시원스런 구조물이 받치고 있습니다. 그리고 기차를 타는 사람이 긴 여행을 가는데 지루하지 않도록 신문이나 잡지를 팔거나 간단한 요깃거리를 파는 작은 키오스크 (가판점)들이 있고요.

기차역은 대개 도시 중심에 자리하고 있습니다. 한 도시에 도착할 때 그 도시에서 가장 처음 만나게 되는 건물이기 때문에 시각적으로도 중요한 상징물이며, 만남의 장소이기도 합니다. 그래서 사람들은 당시 최고의 기술을 사용해서 기차역을 장엄하고 멋지게 짓도록 노력했습니다. 중세 서양에서 돌로 지어진 성당이 도시의 중심이었다면, 18세기부터 철도가 발달하면서 생긴 기차역은 성당을 대체하는 새롭고 웅장한 도시의 중심 공간입니다. 당시 새로운 건축기술의 백미로 꼽았던 철골과 유리를 사용해 화려하게 지었기 때문에, 아직도 여러 나라에서 이전의 건축양식과 기법을 고스란히 담고 있는 박물관 대접을 받습니다. 우리나라 구 서울역사에서도 돌과 벽돌을 섞어 쓰는 1920년대의 건축 기법을 엿볼 수 있습니다. 새로운 현대식 역사가 옆에 세워진 지금은 건물이 지닌 가치 때문에 기차역이 아닌 문화 공간으로 쓰이고 있지만요.

기차역은 전 세계 어디를 가도 사람이 모이고 떠나고 도착하는 곳이라는 공통점을 지니지만, 그와 동시에 각 도시의 특성을 그대로 담고 있어 그 도시의 기억을 진하게 만듭니다. 스페인의 아토차역 Estación de Atocha은 수도 마드리드에 걸맞는 거대한 규모와 현대적인

| 기차역은 한 도시에 처음 도착하거나 마지막 떠날 때 들리는 곳이기 때문에 오랫동안 기억에 남는 장소이다. 포르투의 상벤투역은 아칠레르로 역사적인 장면을 기록했다.

시설을 갖추고 있는데, 마드리드에서 흔한 붉은 벽돌을 사용해 프랑스나 독일의 대도시 기차역과는 확실히 다른 느낌을 줍니다. 포르투갈 포르투의 상벤투Estação Ferroviária de São Bento역은 그 도시의 문화를 대표하는 장식 타일인 아칠레르(그림이 그려진 타일이나 그로 이뤄진 벽화)로 역사적 장면을 벽면 전체에 장식해 역의 규모는 크지 않지만 다른 어느 도시에서도 느끼지 못하는 개성을 전해줍니다.

기차역 앞에는 많은 사람이 모일 수 있는 광장이 있고 그 광장에

도시는 만남과 시간으로 태어난다

는 멀리에서도 보이도록 커다란 시계가 달린 높은 시계탑이 있습니다. 기차역에서 제일 중요한 것은 당연히 기차 시간을 놓치지 않고 기차를 타는 것이기 때문에, 손목시계가 고가품이어서 쉽게 구할 수 없었던 옛날에는 이 시계탑의 역할이 매우 중요했습니다. 그리고 이 시계탑은 잘 보이기 때문에 약속의 장소로도 많이 쓰였답니다.

지금은 서울에서 두 시간도 안 되어 어디든 갈 수 있지만, 예전에는 무궁화호를 타고 밤새 달려야 동해 바다에 도착할 수 있었습니다. 일출과 바다를 보러 많은 사람이 청량리역 광장 시계탑 앞에서 만났었지요. 그중 젊은 사람들은 기차를 기다리는 동안 광장에서 통기타를 치고 노래를 부르며 시간을 보내서, 덕분에 광장은 항상 붐비고, 요란스럽고, 북적스러우면서 어디론가 떠나기 위한 설레임을 담고 있었습니다.

뭍에선 기차역을 통해 사람들이 떠나가고 돌아오지만, 바닷가에선 항구를 거쳐야 합니다. 만약 그곳이 섬이라면 항구는 다른 세계와 연결되는 거의 유일한 통로이기 때문에 이곳을 거치지 않고서는 만남도 이별도 이뤄질 수 없었지요.

크고 작은 배들이 정박해 있는 부두는 바다 냄새와 오가는 사람들의 소란스러움으로 가득해서 이곳에 익숙하지 않은 사람에게는 매우 인상적인 공간입니다. 거센 파도를 막기 위한 방파제 앞에는 등대가 우뚝 서 있어 배들이 무사히 밤길을 찾아갈 수 있게 안내해

주는데, 이 풍경 또한 무척 낭만적입니다. 항구에서 볼 때는 바다의 풍경이 근사하지만, 막상 배를 타고 나가면 멀리서 보이는 도시의 풍경도 그에 못지않게 아름답고요. 그래서인지 거칠고 험한 바다와 연결된 항구는 때때로 기차역보다 기억에 남습니다.

하지만 공항이 들어서면서 이제 기차역이나 항구는 도시에서 절대적으로 중요한 공간이 아닙니다. 기차역과 항구는 자동차와 비행기를 중심으로 도시가 발달하기 이전까지 가장 중요한 역할을 맡았던 공간이었습니다. 한때 이곳은 도시에서 가장 번화한 곳이었고, 새로운 문물을 들여와 도시 전체로 퍼뜨리는 곳이었지요.

시간 속에 쌓인 연륜이 우아함과 아름다움으로 느껴지는 흑백 영화 속 배우들을 아직도 많은 사람이 사랑하는 것처럼, 기차역과 항구도 마찬가지입니다. 새롭고 화려한 공간들이 속속 등장하고 있지만, 사람들은 자신이 태어나기 이전부터 늠름하게 도시를 상징하고 있었고, 어린 시절 처음 타본 기차나 배, 수많은 사람들의 만남과 헤어짐의 눈물 담긴 기억 때문에 기차역이나 항구에 애착을 느낍니다.

사람들이 애착을 갖는 까닭은 단순히 그 장소가 아름답기 때문만은 아닙니다. 그 도시에서 태어나고 자란 사람들에게 좋은 기억이 남아 있기 때문입니다. 어린아이들이 새로 산 장난감보다 어릴 적부터 갖고 놀던 손때 묻은 헝겊 인형을 더 많이 좋아하는 것처럼, 사람

도시는 만남과 시간으로 태어난다

의 감정과 기억은 매우 주관적이라 자신에게 중요한 사건이 일어났고 익숙했던 장소일수록 애착이 강해지지요. 굳이 최신식 편의시설을 갖추지 않았더라도 오래전부터 도시에 있었고 아직도 자리를 지키고 있다는 사실만으로 사람들은 기차역 앞을 지나갈 때마다 안정감을 느끼고 그 도시를 더욱 사랑할 것입니다.

한 도시를 떠나는 사람에게 기차역과 항구는 여전히 새로운 세계로 연결되는 통로입니다. 몸을 싣는 것이 기차든 배든 상관없습니다. 기차역과 항구를 통하면 처음 만나는 세상에 도착하게 될 테니까요. 여러분이 새로운 역에 내리는 순간, 새로운 세상과 새로운 사람을 만나게 될 것입니다. 첫걸음은 누구에게나 큰 의미를 지니기에 기차역과 항구는 아직도 중요한 장소로 남아 있습니다.

구멍가게가
돌아오다

제가 살던 동네에는 구멍가게가 많았습니다. 심부름을 가면 비좁은 가게 안에서 필요한 것들을 다 찾아서 내주는 가게 주인이 참 신기했었죠. 생각해보면 구멍가게 말고도 작은 가게가 무척 많았습니다. 눈에 잘 띄지 않지만, 주변을 찾아보면 아직도 가까운 곳에서 구멍가게를 발견할 수 있습니다. 문방구도 그렇고 철물점도 그렇지요. 몇 미터 되지 않을 작은 문방구에 들어가보면 연필, 지우개, 피리부터 좋아하는 연예인 사진과 스티커, 신발주머니까지 없는 게 없었고, 나도 모르는 준비물까지 미리 알아서 다 갖추고 있었습니다. 거기에 사탕, 껌, 과자와 장난감까지 있어 학교 앞 문방구는 아이들에

도시는 만남과 시간으로 태어난다

게 가장 신나는 공간이었습니다.

철물점도 마찬가지입니다. 흔히 철물점 하면 못이나 망치, 철사 정도를 생각하지만, 그 안에 들어가보면 지금껏 만나보지 못한 다른 세계가 펼쳐집니다. 천장까지 닿도록 빽빽하게 짜인 선반 가득 각종 부품이 빼곡히 쌓여 있는 것도 놀랍고, 우리에게 익숙하지 않아도 그렇게 많은 물건이 어딘가에 반드시 필요하다는 것도 새삼 놀라울 따름입니다. 못을 하나 사려 해도 나무에 박을 것인지, 콘크리트에 박을 것인지, 길이는 얼마나 길어야 하는지 용도에 따라 수십 종류의 못이 있습니다. 하지만 그중 제일 놀라운 것은 그 수많은 물건들의 위치를 모두 기억하고 있는 가게 주인입니다.

요즘 아파트 관리사무소는 집 안의 많은 일을 도와주지만, 개인 주택에 살면 문의 경첩이나 창틀이 망가지거나 하다못해 마당의 꽃에 물을 주려 해도 직접 철물점에 가서 필요한 도구를 사와 손봐야 합니다. 또한 청소 빗자루나 사다리처럼 우리 생활에 필요한 자잘한 물건들도 철물점에서 살 수 있습니다.

예전에는 학교 앞에 만화방도 있었습니다. 선생님들은 항상 가지 말라고 주의를 주셨지만, 그럼에도 만화방은 아이들이 즐겨 찾는 곳이었습니다. 수업을 마치고 집으로 돌아가는 길, 떡볶이 가게를 들렀다가 기계 하나에 여러 아이들이 매달려 있던 오락실을 지나면 만화방이 나왔는데, 한 번 들어가면 몇 시간씩 시간 가는 줄 모르고 있다가 저녁시간을 놓쳐 부모님께 혼나는 일도 종종 있었습니다. 학교 근처에 당연한 것처럼 있던 만화방은 아파트 단지가 많아지고 작은 가게들이 사라지면서 어느새 찾아보기 힘들어졌습니다.

그런데 10여 년 전부터 곳곳에 만화카페가 다시 들어서더니, 이곳저곳에 생기고 있습니다. 서울에서 가장 번화하고 현대적인 강남이나 옛 자취가 남아 있는 인사동과 종로, 대학 근처에도 많이 보입니다. 예전의 만화방이 만화책만 보던 곳이라면, 이제는 음료나 라면, 간식도 함께 즐길 수 있다고 합니다. 게다가 테이블, 소파, 텐트까지 갖추고 있어 편안함과 아늑함도 느낄 수 있습니다. 한번 들리면 오래 머물게 되기 때문이겠지요. 다 큰 어른들이 도시 한복판 텐트 안에 엎드려 만화책을 보면서 주말을 보내는 모습을 보면, 사람들이 긴장을 풀고 편하게 쉴 곳을 원한다는 사실을 알 수 있습니다. 만화와 만화카페가 예전의 기억을 떠올리게 하는 반갑고 부담 없는 아이템이기 때문이죠.

전주에 가면 '가맥집'에 꼭 들러야 한다고 하길래, 도대체 뭘까 궁금한 마음에 저 역시 일부러 찾아가보았습니다. 막상 가보니 그다지 특별한 공간은 아니었고, 맥주를 마실 수 있는 동네의 평범한 슈퍼마켓이었지요. 먹태나 오징어, 마른 안주처럼 별다른 조리 과정을 거치지 않고 쉽게 준비할 수 있는 안주와 함께 편안한 사람들과 맥주를 마시다 보면 특별할 것 없던 가게와 동네가 금세 정감 가는 풍

도시는 만남과 시간으로 태어난다

경으로 느껴집니다.

낮에는 동네에서 필요한 먹을거리를 파는 슈퍼마켓, 밤에는 동네 사람들이 삼삼오오 모여 가볍게 술을 마시면서 이야기를 나눌 수 있는 가맥집은 20~30년 전 우리나라의 생활문화와 잘 어울리는 모습입니다. 낮 시간 한가한 골목에서는 아이들이 뛰어놀고, 밤이 되어 아이들이 집으로 들어가고 나면 그 공간은 간이식 테이블과 의자를 놓고 어른들이 모여 가볍게 술을 마시는 장소로 변합니다. 마치 우리나라 안방이 상을 펴면 식사하는 공간이 되고, 이부자리를 펴면 침실로 변하는 것과 비슷한 모습이지요. 사람이 사는 다양한 모습을 시간과 상황에 맞춰 반영하는 것이 공간의 가장 큰 역할이라면, '가게맥주집'의 줄임말인 '가맥집'은 이에 딱 들어맞는, 동네에 꼭 필요한 공간일 것입니다.

이처럼 영원할 것 같지만 한순간에 사라지는 것이 있고, 사라진 듯 하다가 다시 나타나는 것도 있습니다. CD와 MP3에 밀려 자취도 없이 사라졌던 LP판이 요즘 다시 인기를 얻으면서 LP판을 통해 음악을 듣는 사람이 급격히 많아지고 있습니다. 음반 코너에 가면 한때는 아무리 찾아도 볼 수 없었던 LP판이 진열대 맨 앞에 놓여 있고, LP 음반만을 판매하고 턴테이블로 음악을 트는 가게도 다시 생겨나고 있습니다. 한때 계산기와 컴퓨터에 밀려 사라졌던 주판을 아이들이 다시 배우고, 손글씨와 뜨개질을 배우는 사람도 늘어나는 것을 보면 편리함, 빠름을 좇아 일방향으로 달리던 사회가 그 속도를 줄이고 지나온 길을 돌아본다는 느낌을 받습니다.

LP판을 통해 음악을 들으면 턴테이블 바늘이 음악을 읽어내는 미세한 잡음과 함께 각 판마다 다른 음색이 전해져 보다 인간적인 느낌이 듭니다. 무엇을 통해 들어도 언제나 똑같은 MP3 파일과는 인상이 다릅니다. 운전을 좋아하는 사람들 중에는 손으로 직접 기계를 작동시키는 느낌 때문에 수동기어를 고집하는 사람들이 있다고 합니다. 편리함이 보편적인 세상이 되자, 사람들이 보다 인간적인 것과 직접 만지고 움직이는 느낌을 그리워하게 된 탓이겠지요.

물론 기술이 발달하면서 흔적도 없이 사라지는 것은 훨씬 많습니다. 옛것이라고 모두 환영받는 것은 아니니까요. 삐삐(무선호출기) 비디오테이프, 카세트테이프와 워크맨은 이제 거의 사라졌습니다. 아무리 전통 주거 공간의 자연친화적인 모습이 좋게 느껴지더라도 초가집의 컴컴하고 낮은 부뚜막에서 나무를 해와 장작불을 때서 밥을 지어먹고 싶어 하는 사람은 많지 않습니다. 우리는 어디까지 새로운 것을 찾게 될까요? 어느 시점에서 다시 옛것을 그리워하고 과거의 모습을 찾아 돌아가게 될까요? 그 기준이 확실하지 않지만 옛것을 그리워하고 과거의 공간과 아이템을 찾는 '레트로retro' 문화는 나이 든 사람에게는 과거를 떠올리게 하고, 젊은 사람들에게는 이전에 접하지 못한 새로운 매력으로 다가갑니다.

도시는 만남과 시간으로 태어난다

사람들은 새로운 것에 호기심을 갖고 끌리지만, 오래되고 익숙한 것에는 편안함을 느끼고 마음의 안정과 휴식을 찾습니다. 그래서 우리는 하루가 멀다하고 새로운 기술과 물건이 탄생하는 요즘 오히려 지난 시절에 쓰던 물건을 찾고, 오랜 과거가 되어버린 시절에 이용하던 공간을 찾아갑니다. 한쪽에는 세련된 카페와 와인바가 생겨나지만, 다른 한쪽에는 만화카페와 가맥집이 인기를 얻고 있습니다. 빠른 속도로 변하는 도시일수록 사람들은 변하지 않는 공간, 예전의 숨결이 남아 있는 공간에 그리움을 느끼고 그곳에 머물고 싶어 하기 때문이지요.

마을을 찾아 떠나는
여행

공간이란 생각보다 그 힘이 대단합니다. 그래서 공간이 바뀌면 그 속에 담긴 사람들의 생활이 바뀌지요. 예전에는 자신이 사는 주변 공간을 가리킬 때 '우리 동네'나 '우리 마을'이란 표현을 사용했지만, 이제는 '단지'라는 표현을 더 많이 쓴다고 합니다. 단지는 산업단지를 지칭할 때도 있지만 일상생활에서는 주로 아파트에 많이 사용합니다. 프랑스의 한 지리학자가 한국 아파트의 단지라는 개념을 연구해 박사학위를 받을 정도로, 오늘날 우리나라는 매우 독특한 주거문화를 이루고 있다 해도 과언이 아닙니다.

저 역시 어릴 때 우리 동네라는 표현을 많이 썼습니다. 지금 생각해보면 머릿속에 있던 동네는 행정적인 단위인 동보다 훨씬 작아서, 살던 집과 다니던 학교를 중심으로 주변의 집과 건물을 모아놓은 익숙한 범위를 가리키는 말이었습니다. 그 크기는 버스 한 정거장을 넘지 않았고, 걸어다니며 구석구석 잘 알고 있는 곳만을 동네라고 불렀지요. 누군가가 물어보면, 이 골목에는 몇 집이 늘어서 있고, 다음 길에는 어떻게 생긴 집과 어떤 가게가 있고, 내 친구는 어떤 집에 사는지 세세하게 설명할 수 있었습니다.

요즘도 초등학교 사회 수업 시간에 촌락과 마을, 동네, 도시에 대해 배우고 직접 우리 동네 지도를 그려본다고 합니다. 하지만 아파트 상가가 익숙한 아이들이 동네나 마을이라는 표현을 일상생활에서 느끼기란 쉽지 않겠죠. 그리고 단지 상가에는 다들 비슷비슷한 프랜차이즈 가게들뿐이라 막상 지도를 그려도 우리 동네만의 특징을 찾아내기가 어렵습니다. 우리의 생활 속에서 동네도 마을도 점점 그 존재가 흐려지고 있는 겁니다.

그러던 어느 날 서울의 개미마을과 이화마을, 부산의 태극마을처럼 도시 속에 남아 있던 마을들이 사람들의 입소문을 통해 알려지면서 인기를 얻기 시작했습니다. 이런 마을은 얼마 전까지 달동네라 불리며, 낡고 작은 집들이 경사지에 밀집되어 있는 곳인 경우가 많습니다. 달동네는 높은 곳에 있어 달과 가깝다고 붙여진 이름이라 하는데, 대부분 6.25 전쟁 이후 서울, 부산 같은 대도시로 피난민들이 몰려들면서 살 곳을 구하기 위해 산중턱에 무허가 집을 지으면서 생겨났습니다.

이런 동네는 언덕 위에 있어 경사가 심하다 보니 좁고 가파른 계단이 많고, 제대로 도로가 연결되지 못한 곳도 많습니다. 또한 벽돌공이나 목수가 전문 기술로 지은 집이 아니라 주변에서 쉽게 구할 수 있는 재료로 각자 알아서 지어, 시멘트 블록이나 슬레이트처럼 값싼 재료로 작고 낮게 지은 집들이 대부분이지요. 계획 없이 한 집 한 집 알아서 생기다 보니 길은 좁고 구불구불하고, 길이 있나 싶어 따라가면 곧바로 막힌 곳이 나오기도 해 외부 사람에게는 미로 그 자체이고요. 가파른 산기슭까지 어떻게 집집마다 수도와 하수관, 전기가 들어왔는지 신기할 정도입니다.

물론 이곳에 사는 사람들도 여유 있고 안정된 계층과는 거리가 먼 사람들입니다. 실향민이나 제대로 된 집을 구할 여력이 없는 사람, 또는 정비 사업으로 인해 살던 동네에서 쫓겨난 사람들이 이곳에 정착해 살기 시작했습니다. 도시 계획으로 인해 달동네가 사라지면서 이곳의 주민들은 살던 곳을 떠났지만, 지금도 예전 모습이 남아 있는 지역에는 주로 할머니 할아버지 같은 연세 많은 분들이 살고 있습니다.

거주 환경이 열악하기로 악명 높은 달동네들은 산이 많은 우리 도시의 곳곳에 자연적으로 생겨났다가, 1980년대부터 재개발이 유

도시는 만남과 시간으로 태어난다

| 산과 언덕이 많은 우리나라 도시의 구릉지에는 과거 자생적으로 만들어진 달동네가 많았다. 산등성이를 따라 발달한 여수 경사지 마을은 멀리서도 벽화가 보여 아름다운 도시 풍경을 만든다.

행히면서 대부분 사라졌습니다. 그러나 경사가 심한 산 중턱에 있거나 도로변에서 멀리 떨어져 외진 곳에 위치해 아파트를 지을 조건이 되지 않는 곳에는 아직도 몇몇 동네가 남아 있지요.

얼마 전까지 달동네는 우리 도시의 흔한 풍경이었지만, 어느 날 쉽게 볼 수 없는 풍경으로 변하면서 사람들의 호기심을 자극했습니다. 도시 곳곳에 대규모 아파트 단지가 들어서고 크고 높은 현대식 빌딩이 자리잡으면서 무채색 콘크리트 환경이 우리 생활의 배경이 되자, 작은 집들이 다닥다닥 붙어 있고 집집마다 되는 대로 색을 칠해 알록달록한 풍경이 어느 순간 사람들의 관심을 끌기 시작한 것이지요.

이곳을 찾는 사람들의 발길이 많아지자, 본격적으로 이 공간을

| 대구 도시재생사업지구의 벽에 그려진 한옥 지붕 그림. 누가 그렸는지 궁금할 정도로 매력적인 풍경을 연출한다.

보다 따뜻하고 아름다운 공간으로 채색해보려는 손길이 닿았습니다. 새로 길을 내고 낡은 집을 헐고 다시 지으려면 많은 시간과 복잡한 절차, 큰돈이 필요하므로, 기다리는 동안 지금 살고 있는 환경을 좀 더 아름답게 꾸미자는 생각이었지요. 그래서 아무도 찾지 않아 허물어져가는 마을과 담장에 작게나마 보수공사를 하고, 갈라지고 오래된 시멘트벽과 길에 예쁜 그림을 그려넣기 시작했습니다. 바람에 날리는 꽃잎과 천사의 날개도 그려넣고, 아름다운 시도 적어 내려갔습니다.

이렇게 되자 개미마을과 이화마을, 태극마을처럼 유명한 벽화마을이 생겨났습니다. 자연적으로 만들어진 이 마을의 벽화들은 아

도시는 만남과 시간으로 태어난다

기자기한 손맛이 느껴져 이국적인 느낌까지 납니다. 동화나 영화 속 장면처럼 보이기도 하고요. 이곳을 구경하기 위해 많은 사람이 찾아오고 알록달록한 배경으로 예쁜 사진을 찍자, 입소문을 타 방문자들이 더욱 많아지고 카페나 기념품 가게도 생겨났습니다. 정적만이 가득했던 마을은 갑자기 관광지로 변하면서 요즘은 아침부터 넘쳐나는 관광객들로 몸살을 앓을 정도라고 합니다.

여러 사람의 정성스런 손길이 닿자, 정비 사업으로도 개선하기 어려울 정도로 열악하다고 부끄러워하며 감추고 싶어 했던 동네가 매력적인 장소로 탈바꿈했습니다. 사실 세계에서 가장 아름다운 풍경이라 불리는 그리스의 산토리니도 그곳에 사는 사람들이 하나하나 자생적으로 만든 토착 건축물이기 때문에 우리 달동네와 모습이 크게 다르지 않습니다. 낮고 작은 집, 그 사이를 구불구불 연결하는 골목, 끊임없이 오르내리는 계단. 사람의 손으로 만들어진 마을과 집은 산토리니와 우리나라 달동네의 공통적인 풍경입니다.

이제는 도시 속 숨은 마을을 찾아 떠나는 여행은 많은 사람의 마음을 어루만져주고 있습니다. 사람들은 과거의 시간 속에 머물러 있는 공간을 찾아가고 옛 도시의 모습에서 아름다움과 포근함을 느낍니다. 자그마하고 낡은 집, 구불구불하고 울퉁불퉁한 골목길, 한참 땀을 흘리며 걸어올라야 하는 오르막 동네, 가까운 하늘과 저 아래 도시 풍경을 찾아 멀리서 기차를 타고 벽화마을을 찾아갑니다. 그 아늑함은 '높아지고, 넓어지고, 빨라지는' 도시 속에서 오늘을 사는 우리의 마음 한구석에 따뜻한 온기를 전해줍니다.

2장.

길 속에 담긴
도시

스쳐가는 거리,
머무는 거리

도시에서 가장 중요한 공간은 무엇일까요? 추위와 더위에서 우리를 안전하게 보호해주고 편안하게 쉬게 해주는 집일까요, 아니면 하루 중 가장 많은 시간을 보내는 회사나 사람에게 필요한 물건을 만들어 내는 공장일까요? 또는 배움을 얻는 학교일까요? 모든 공간이 제각각 중요한 의미를 지니지만, 개별적인 공간들이 서로 연결되지 못하면 아무 소용 없습니다.

길이 있는 곳을 따라가면 그 끝에 도시가 있다고 했습니다. 그렇습니다. 길이 없는 곳에는 도시가 생길 수 없습니다. 사람들의 교류와 물자의 흐름이 길을 통해 이뤄지기 때문이지요. 그래서 저는 길

도시는 만남과 시간으로 태어난다

과 거리야말로 도시에서 가장 중요한 공간이라고 생각합니다.

한곳에 앉아 길을 살펴보세요. 어느 길거리에서는 오가는 사람들의 발걸음이 매우 바쁘게 움직입니다. 앞만 보고 바쁜 걸음으로 휴대전화를 귀에 대거나 무표정하게 앞만 쳐다보며 급한 듯이 지나쳐갑니다. 발걸음이 늦은 사람을 쌩하고 질러가는 모습도 종종 보이고요. 하지만 어떤 거리에서는 사람들의 발걸음이 차분하고 속도가 한결 느립니다. 걸으면서 주변을 두리번거리기도 하고, 잠시 멈춰서기도 하고 표정도 한결 여유로워 보입니다. 어느 곳을 향해 바쁘게 간다는 느낌보다는 산책을 하거나 어슬렁거린다는 느낌이 들지요. 이런 차이는 어디서 오는 걸까요?

길을 걷다 보면 다양한 모습이 눈에 들어옵니다. 거리 양쪽에 늘어선 상점의 간판과 진열장, 카페의 좌석, 가로수, 버스 안내판, 보도블록, 자전거길, 내 앞을 걷는 사람들의 뒷모습과 나를 향해 다가오는 앞모습도 보이지요. '길'이라고 간단하게 말하지만, 길에는 넓이가 100미터나 되는 넓은 길도 있고 겨우 한 명이 지나갈 만큼 좁은 길도 있습니다. 거리, 도로, 가로와 같은 여러 표현이 있는 것처럼 길의 성격과 모습은 수백 가지가 넘게 다양합니다.

원래 길은 사람뿐 아니라 동물이 다니는 길게 연결된 공간을 일컫는 단어입니다. 그래서 길은 도시가 생기기 이전부터 존재했지요. 그러나 사람들이 도시를 건설하면서 보다 전문 기술을 이용해 만든 길이 나타났습니다. 도시의 중심이 되거나 중요한 곳에는 의도적으로 사람이나 말, 수레의 통행을 편리하게 하려고 편평하게 포장했고, 이 길이 말과 마차를 거쳐 19세기 후반 자동차를 위한 길로 변했습니다.

도시계획적으로 생각하면 도로는 크게 차도와 보도로 나눌 수 있습니다. 보행자들이 다니는 길인 보도도 있기 때문에 도로라고 해서 자동차만을 위한 길을 가리키는 건 아니지만 우리가 일반적으로 말하는 도로는 자동차에 초점이 맞춰진 길, 차도이지요. 도시에 따라 다르겠지만 우리나라 대도시의 도로는 대개 4차선, 6차선처럼 폭이 넓은 경우가 많고, 주로 아스팔트로 포장되어 있어 짙은 회색이 대부분입니다. 자동차가 많이 다니는 넓은 도로는 차들이 빨리 달려야 하니 횡단보도를 수백 미터마다 만들어 보행자가 반대편으로 길을 건너가기도 쉽지 않을 뿐더러 도로 반대편의 모습도 잘 보이지 않습니다. 또한 도로가 넓으면 그곳에 면한 건물도 높게 올라가서 하늘을 보기 어렵고 해가 비치는 시간도 짧아 건물 그림자가 보도를 덮고 있는 시간이 대부분입니다. 그뿐인가요, 자동차가 빠른 속도로 달리기 때문에 도로에 자동차 소음도 가득합니다. 큰 소음 탓에 어떤 때는 옆에서 걸어가는 사람의 말소리도 잘 들리지 않습니다. 이런 길은 아무리 보도가 넓어도 많은 사람이 모여들거나 여유로운 산책로가 되지 않겠지요.

반면에 자동차보다 보행자를 위한 길은 다양한 색깔과 질감이 느껴집니다. 사람들이 걷고 싶어 하는 길은 대학로처럼 커다란 대로도 있지만, 대부분 2차선 정도로 도로 폭이 넓지 않아 아기자기합니다. 자동차가 쌩쌩 달리는 넓은 대로에서 한 블록 안쪽으로 들어온 길이 많고, 회색 아스팔트보다는 다양한 색깔의 보도블록과 돌을 깨서 만든 포석鋪石이 깔려 있고요. 이런 길은 도시계획가의 의도에 의해 새로 만들어졌다기보다는, 오랜 시간 자연스럽게 사람들에게 녹아든 길이 대부분입니다.

길은 사람이 오가기 위한 공간만이 아닙니다. 사람들이 다니는 것은 최소한의 필요조건이고, 그 길을 완성하는 것은 주변의 다양한 건물과 소품들이거든요. 길에 접한 상점들, 그리고 상점의 차양, 진열장의 상품, 카페나 음식점에 앉아 있는 사람들의 모습이 한데 어우러질 때, 비로소 길은 활기 있고 생명력 넘치는 공간으로 변합니다. 가로수길, 경리단길처럼 사람들이 좋아하는 길을 살펴보면 비슷한 규모의 낮은 건물들이 길가에 옹기종기 모여 있어 조화로우면서 안정된 분위기가 느껴지고, 여러 상점과 음식점이 들어서 있어 연속적이면서도 다양한 개성이 가득합니다.

신도시의 널찍한 보도에는 가로수도 잘 심어져 있지만, 어째서인지 사람들의 모습이 보이지 않습니다. 이런 길은 주변에 건물이 없고 휑한 경우가 많습니다. 이런 공간은 조깅을 하기 위해 달리기에는 편리할지 모르지만 걷기에는 그다지 매력이 없기 때문입니다. 높고 큰 사무실 건물로 가득한 거리 또한 현대적이고 쾌적한 모습을 지닌다 해도 걷고 싶거나 즐거움을 느끼지는 못합니다. 지나치게 크고 높은 건물은 지나다니는 사람들에게 위압감을 주어, 건물 1~2층에 카페나 가게처럼 행인과 친근한 관계를 형성하는 공간이 없으면 우리와는 상관없는 차갑고 무표정한, 단지 지나치는 공간이 되기 때문이죠.

삼청동이나 홍대 앞길처럼 사람들이 즐겨 찾는 거리에 가보면 아담한 카페, 다양한 상점 들이 좁은 도로를 사이에 두고 양쪽으로 늘어서 있습니다. 그 길들은 2차선 정도의 폭을 지녀 맞은편 보도에 지나가는 사람의 표정까지도 읽을 수 있을 정도로 친근한 느낌을 줍니다. 길이 넓지 않으니 건너편에서 일어나는 소리까지 다 들리고, 반대편에 들어가고 싶은 상점이나 카페가 눈에 띄면 곧바로 길을 건널 수 있습니다. 좁은 길에서는 심리적 거리도 줄어들고, 차도로 나뉘어 있더라도 하나의 공간으로 느끼기 때문입니다.

이런 길은 커다란 가로수가 어우러지면 공원보다도 더 매력적인 장소로 변합니다. 여름에는 우거진 초록 나뭇잎이 그늘을 만들어주어 시원하고, 가을에는 단풍잎이 깔려 더 없이 폭신하고 아름다운 길을 만들지요. 밤에 부드러운 조명이 덧붙여지면 더욱 따뜻한 공간으로 변신합니다. 쪼로록 늘어선 작은 상점들 앞에 벤치라도 놓여 있으면 거리의 분위기는 더더욱 사진 속 한 장면과 닮아갑니다. 굳이 돈을 내고 카페에 들어가지 않아도, 다리가 아프면 언제라도 쉴 수 있는 거리에서는 길을 걷는 것이 곧 휴식이 됩니다.

사람들이 찾는 길은 예쁜 카페만 모여 있는 거리가 아닙니다. 음식점, 옷가게, 약국, 편의점처럼 생활에 필요한 다양한 공간이 모여 있어야 거리의 생명력이 강해집니다. 알록달록한 간판 자체가 거리에 활력을 주기도 하고, 아이스크림, 크레페처럼 작고 부담 없는 디저트 가게들은 예쁜 차양과 귀여운 간판으로 지나가는 사람들의 발걸음을 즐겁게 만듭니다. 이런 길들은 특별한 일이 없어도 산책하고 싶은 거리, 걷다 보면 왠지 즐거운 일이 생길 것 같은 거리입니다. 사람에게만 표정과 인상이 있는 것이 아니라 거리와 도시에도 인상이 있기 때문이지요.

검은 정장을 입고 무뚝뚝한 표정의 덩치 좋은 사람들이 앞을 지키는 고급 상점 안에는 들어가기가 참 부담스럽습니다. 하지만 문이 활짝 열려 있는 작고 귀여운 기념품 가게나 서점은 들어왔다 가라고 손짓을 하는 것처럼 느껴집니다. 고급스럽지만 점잖고 무뚝뚝한 거리는 겉보기에 멋있어도 사람들이 머물지 않는 법입니다. 사람들이 다시 찾고 머물게 되는 거리는 친절하고 상냥한 인상을 주는 거리이니까요.

사람과 도시와의 관계는 거리를 통해 만들어집니다. 사람과 사

© 최준엽

| 길은 스쳐가는 거리와 머무는 거리로 나뉜다. 사람들은 길을 따라 모여들고 흘러가다가 마음에 드는 공간을 발견하면 머물게 된다. 그래서 때로는 건물 안에도 길을 만들어 사람을 끌어들여 생기 있는 공간을 조성하기도 한다.

도시는 만남과 시간으로 태어난다

람 사이의 관계 형성이 풍요로운 삶을 만드는 것처럼, 찾아가고 싶고 머물고 싶은 거리가 많은 도시야말로 사람들이 생활의 여유를 찾고 애착을 갖게 되겠지요.

덕수궁 돌담길이란
마법

덕수궁에는 돌담길이 있습니다. 이 길은 여러 사람이 아끼고 찾을 뿐더러 많은 이들의 기억에 남아 있는 곳입니다. 우리나라 궁궐의 담은 원래 돌을 쌓아 만들기 때문에 경복궁이나 창덕궁, 창경궁 같은 다른 궁궐들도 돌담으로 둘러싸여 있는데, 유독 이 '덕수궁 돌담길'만이 특별 취급을 받습니다. 지금은 '정동길'이라는 정식 명칭이 따로 있지만 덕수궁 돌담길이라는 별명이 더 유명해서, 그 때문인지 이 길은 왠지 매우 고풍스럽고 고즈넉할 것 같은 느낌이 들지요. 게다가 담의 높이도 적당해 위압감을 주거나 만만해 보이지도 않고 궁궐다운 기품이 담겨 있습니다.

조용하고 아늑한 분위기로 연인들의 데이트 코스로 유명하지만, 연인이 함께 걸으면 헤어진다는 이야기가 전해집니다. 예전에 가정 법원이 이곳에 있었기 때문이라는 설이 있는데 그렇다고 사람들이 이 길을 피하거나 찾지 않는 건 아니지요. 오히려 잊지 못한 첫사랑에 대한 아쉬움 때문인지 이 길을 기억하고 걷고 싶어 하는 사람들이 많습니다. 예전에 대법원으로 사용됐던 건물은 옛 모습을 간직한 상태로 시립미술관으로 바뀌었고, 우리나라에서 처음으로 만들어진 극장인 원각사를 다시 이어가기 위해 만든 정동극장이 생기면서 정동길에 담긴 문화의 정취는 더욱 강해졌습니다.

뿐만 아니라 덕수궁 돌담길은 우리나라의 여러 역사를 하나의 실타래로 연결합니다. 본래 덕수궁은 궁궐로 지어진 곳이 아니고 조선시대 성종의 형인 월산대군이 살던 곳이었습니다. 그런데 임진왜란이 끝나고 선조가 한양으로 돌아왔을 때 모든 궁이 다 불타버려 머물 곳이 없자 이곳을 거처로 사용하게 되었습니다. 이후 이곳에서 광해군이 왕으로 즉위하고 경운궁이라는 칭호를 내려 궁의 지위를 얻게 되었지요. 이후 조선시대의 왕들은 다시 창덕궁으로 돌아갔으나, 250여 년이 지나 개화기 격변의 시대에 명성왕후가 시해된 후 안전을 위해 고종이 이곳으로 거처를 옮기면서 경운궁은 다시 대한제국의 황제가 머무는 궁이 됩니다. 그리고 1907년 고종에 의해 '덕을 누리며 오래 살라'는 의미가 담긴 덕수궁이라는 호칭을 받았습니다. 대한제국 당시 덕수궁은 지금보다 서쪽과 북쪽으로 더 넓고, 건축물들도 많이 있어 면적이 두 배 정도 더 넓었지만, 일제강점기에 일본 정부가 궁궐을 잘라 토지를 팔아버리면서 영내가 협소해지고 지금의 모습으로 축소되었습니다.

개화기 이후 덕수궁 주변은 우리나라 근대사와 밀접하게 연결된 건물들이 하나둘 들어서면서 20세기 초 우리나라 발전사를 그대로 담게 되었습니다. 1895년 우리나라 최초의 감리교 성당으로 지어진 고딕양식의 건축물 정동성당을 시작으로, 대한제국의 세금을 걷는 기관이던 세무총사와 독립신문사가 세워졌고, 우리나라 최초의 여성 교육기관인 이화학당과 대한제국 최초의 호텔인 손탁호텔, 그리고 로마네스크 양식의 성공회 성당까지, 덕수궁이 위치한 정동은 우리나라 근대사에서 중요한 의미를 지닌 시설이 모여 있는 중요한 장소입니다.

우리나라와 서양의 건축문화가 만나 탄생한 근대 건축물들이 정동을 중심으로 들어서면서 곧 새로운 스타일의 건축문화가 도시 전반으로 퍼져나갔습니다. 덕수궁 안에 위치한 석조전은 전통 방식으로 지어진 목조 전각 사이에 자리한 우리나라 최초의 서양식 건물입니다. 정동 근처에 세워진 건물들에도 서양 건축 특유의 석조 기단基壇과 기둥, 아치와 붉은 벽돌이 쓰였고, 성당에는 높은 종탑이 세워지면서 우뚝 솟은 도시 경관을 만들기 시작했습니다. 이렇게 시작된

도시는 만남과 시간으로 태어난다

우리나라의 근대화 초기 모습은 지금도 비교적 잘 보존되고 있어 지금까지도 당시 분위기를 느낄 수 있습니다.

덕수궁과 그 주변 지역에는 넓은 궁궐의 앉음새에 적합하지 않은 구릉과 언덕이 있습니다. 하지만 그 덕분에 작은 언덕을 끼고 올라가는 아늑한 공간이 생기고, 곡선으로 돌아가는 길에는 직선길에서 맛볼 수 없는 아기자기함이 있습니다. 경치가 참 매력적이지요. 또한 문화재 보존 대상인 궁궐과 보안이 중요한 외국 대사관들이 자리잡고 있다 보니, 서울의 다른 곳에 비해 현대적이고 높은 건물들이 지어지거나 개발될 여지가 적어 과거의 흔적이 많이 남아 있습니다. 바로 옆 서울의 중심인 광화문이나 시청 앞은 매우 번화하고 소란스럽지만, 덕수궁 돌담길로 들어오면 금세 조용하고 호젓해지는 것이 신비롭기까지 합니다.

낮은 돌담을 따라 구불구불한 길에서 만나는 오랜 시간과 기억을 담은 건물들은 사람들의 마음을 편안하게 만듭니다. 19세기 말~20세기 초 우리나라 격변기의 건축들은 언뜻 보면 서양 건축물처럼 보이지만 전통 건축의 흔적이 곳곳에 녹아들어 있습니다. 성공회 성당은 지붕에 기와를 사용하고 처마를 만들어, 이곳이 바로 우리의 도시임을 알려줍니다.

힘든 시기를 견뎌낸 역사의 증인 덕수궁 돌담길은 오랜 시간이 다듬은 차분함은 물론 길을 따라 걸으면서 발견하는 근대 건물의 신선함과 풍성한 경험을 품고 있습니다. 덕분에 우리는 혼잡한 도시 속에서 순식간에 동화 속으로 빨려 들어가 마법처럼 한가한 산책과 호젓한 시간을 즐길 수 있습니다.

도시는 만남과 시간으로 태어난다

샹젤리제 거리와
세종대로

우리가 걸어가거나 이동하면서 접하는 길은 가로, 거리, 도로처럼 여러 이름으로 불립니다. 이들은 각자 다른 특성을 갖고 있습니다. 가로는 포장이 되어 있는 길을 말하고 주로 도시 속에 있습니다. 이에 비해 거리는 길의 양쪽이 건물이나 시설로 둘러싸인 3차원적 도시공간을 일컫습니다. 즉 거리는 가로와 가로등, 벤치와 같은 시설물, 그리고 주변을 둘러싼 건물을 함께 포함하지요. 도로는 법률에 의해 차와 사람, 자전거 등이 다니는 교통시설을 지칭하고, 넓이에 따라 광로, 대로, 중로, 소로와 같이 구분합니다. 그리고 도시계획에서는 도로의 역할에 따라 주간선도로, 보조간선도로, 집산도로, 국지

도로로 구분합니다. 그래서 아름다운 거리를 평가할 때는 단순히 길만 예쁜 것이 아니라 주변 건물이나 간판, 가로수 같은 환경이 함께 어울리는지 생각합니다.

사람들이 매력을 느끼는 길은 좁고 아기자기한 길이 다가 아닙니다. 파리의 샹젤리제는 항상 전 세계 관광객들이 가장 걷고 싶어 하는 거리인데, 개선문에서 고풍스런 19세기 건물 쪽으로 우아함과 아름다움이 뻗어나와 저 멀리 루브르궁까지 힘찬 기운과 시원함이 함께 느껴지지요.

이처럼 도시에는 가장 중요한 축이 되는 길이 있습니다. 이 길은 도시를 상징하고 때로는 한 나라의 아이덴티티를 훌륭하게 나타냅니다. 바르셀로나의 람블라스 거리, 런던의 피카딜리나 리젠트 거리, 뉴욕의 센트럴 파크 옆 5번가와 브로드웨이처럼요. 이 거리들은 그 도시의 화려함과 경제적인 힘이 단번에 느껴지는 곳입니다. 이런 길은 폭이 넓고, 길이도 1킬로미터가 넘는데, 양 옆으로 높고 화려한 건물이 줄지어 서 있어 길을 따라 걷는 것만으로 그 도시에서 가장 유명한 건물과 공연장, 상점, 볼거리를 끊임없이 만나게 됩니다.

도시의 길은 동맥과 같은 역할을 합니다. 길을 통해 경제와 문화가 한데 모이고 다시 퍼져나가기 때문에, 도시의 매력과 활력이 응축되어 그대로 우리에게 전달됩니다. 세계에서 가장 유명하고 비싼

도시는 만남과 시간으로 태어난다

상품, 가장 훌륭하다 극찬받는 공연, 가장 큰 부가 축적되어 있는 빌딩이 모여 있는 거리를 보고 있자면 도시가 경제적, 사회적 역량을 바탕으로 꽃피운 문화의 결정체라는 것을 실감합니다.

우리나라의 옛 도시는 길을 중심으로 만들어지지 않았습니다. 서양의 도시처럼 길을 먼저 시원하게 관통하도록 계획하고 남은 땅에 건물을 세운 것이 아니라 자연적으로 건물이 들어서고 길이 생겼거든요. 하지만 그럼에도 한양의 중요한 공간들은 거리를 중심으로 공간이 구성되어 있었습니다. 종로 거리에는 오늘날 상점에 해당하는 시전이 늘어선 운종가가 발달했었고, 광화문 앞에는 관청들이 자리한 육조거리가 있었습니다. 이는 각각 조선시대의 경제와 정치·행정의 두 축이 수도의 두 거리를 중심으로 번성했음을 알려줍니다.

오늘날의 서울에서는 겨우 수십 년 전에 만들어진 새로운 도로도 도시의 중심 역할을 함께 맡고 있습니다. 역사적인 중심축이 종로라면, 경제축은 강남의 테헤란로일 것입니다. 이 길은 1972년 강남 개발 정책으로 신시가지가 계획되면서 만들어질 당시 삼릉로라는 이름이 붙여졌고, 1977년 이란의 수도 테헤란과 서울이 자매결연을 맺으면서 이를 기념하기 위해 이름을 테헤란로로 바꾸었습니다. 그리고 1990년대 대기업 본사들이 이 길을 따라 사옥을 건설하여 이전하면서 테헤란로는 현대 서울을 대표하는 거리가 됐습니다. 비록 서울의 역사적 중심은 종로이더라도, 들어선 지 채 50

년도 되지 않은 테헤란로 또한 우리 도시의 경제적 수준을 한눈에 보여주는 중요한 거리가 된 것입니다. 길에서도 시간의 흐름과 함께 도시 중심의 변화를 볼 수 있는 셈이지요.

그럼 세계에서 가장 아름답다고 말하는 프랑스 파리의 샹젤리제 거리를 자세히 살펴봅시다. 도대체 어떤 모습을 지니고 있길래 그렇게 유명한 걸까요? 그리고 과연 이 길은 처음부터 그렇게 아름다웠을까요?

샹젤리제 거리는 파리 중심에 있는 콩코르드 광장 앞에서 출발해 개선문까지 나 있는 70미터 폭의 거리입니다. 총 길이가 2킬로미터가 좀 덜 되니, 30분 정도면 편안하게 걸어갈 수 있습니다. 이 길은 1670년대에 베르사유 궁을 설계한 건축가 앙드레 르 노트르André Le Nôtre, 1613~1700에 의해 계획되고 만들어졌습니다. 당시 이곳은 루브르 궁전을 넘어 파리 외곽의 질척한 습지로, 범죄자들이 살던 위험한 동네여서 사람들이 마음 편히 다닐 수 있는 장소가 아니었다고 합니다. 이전까지 이 길은 다양한 이름으로 불렸지만, 18세기 초에 오늘과 같은 이름으로 불리게 됐습니다. 참고로 샹젤리제Champs-Élysées는 영웅이나 성인이 사후에 가는 '극락정토'를 뜻해, 치안이 좋지 않고 위험했던 동네와는 정반대의 뜻입니다.

멋진 이름이 붙여진 다음에도 한동안 파리 시민들이 기피하던 이 길은 프랑스혁명을 거치며 시민들에게 상징적인 공간으로 변모

도시는 만남과 시간으로 태어난다

합니다. 1789년 혁명 당시 왕족을 체포하러 가는 시민군이 이 길을 지나 베르사유로 향했고, 1791년 루이 16세와 왕족들이 탈출을 시도하다가 바렌에서 잡혀 다시 파리로 송환될 때도 이 길을 지나갔습니다. 그러나 샹젤리제가 본격적으로 파리를 상징하게 된 것은 1806년 나폴레옹이 오스테를리츠 전투에서 승리한 후 프랑스의 승리를 기념하기 위해 개선문을 세우고나서입니다.

방사형으로 뻗어나가는 12개의 거리가 모이는 교차로 중앙에 웅장하게 솟은 개선문은, 거리의 시작을 꽤나 인상적으로 연출합니다. 샹젤리제 거리는 개선문을 향해 완만한 오르막을 이루는데, 드넓은 길의 서쪽 끝에 개선문이 있다 보니 저녁이 되면 넘어가는 해가 개선문에 걸려서 정말 아름다운 광경이 연출됩니다. 왕정복고와 나폴레옹 3세 시대를 거치며 샹젤리제에는 보도가 생겼고, 가로수가 심기고, 분수와 벤치와 같은 시설이 설치됐습니다. 또 1900년 파리 만국박람회를 위해 그랑 팔레Grand Palais, 프티 팔레Petit Palais처럼 화려한 건축물이 세워지면서, 변두리 길은 빛의 도시 파리의 가장 아름다운 중심으로 변신했습니다.

개선문 건설을 명령한 나폴레옹은 정작 완공을 지켜보지 못했지만, 사후에 이를 통과해서 앵발리드Hôtel des Invalides(지금의 군사박물관)에 묻히고, 프랑스의 최고의 문호인 빅토르 위고의 장례식도 개선문을 통과해 진행되었습니다. 초기에는 부랑자들이 어슬렁거리던 샹

| 아름답기로 유명한 샹젤리제 거리는 치안이 유지되지 않던 변두리 지역의 길이었지만, 역사적 사건의 배경이 되면서 파리와 프랑스를 대표하는 가로가 되었다. 차도보다 넓은 공간을 보행자용으로 사용하고, 때때로 차량을 통제해 길 전체를 보행자들이 이용하게 한다.

젤리제 거리가 250여 년이 지난 오늘날 파리에서는 개선문과 루브르궁을 연결하는 핵심 공간이 되고, 시민혁명의 정신, 프랑스의 승리를 상징하게 된 것입니다.

샹젤리제 거리의 전체 너비 70미터 중 가운데 30미터에는 총 8차선의 차도가 지나갑니다. 그리고 도로의 양옆으로 20미터씩 보도가 있지요. 보도가 40미터이고 차도가 30미터이니, 사람에게 할애된 공간이 더 많다는 얘기입니다. 20미터 가까이 되는 샹젤리제의 넓은 보도에는 플라타너스가 심겨 있는데, 자세히 보면 2열로 심어

도시는 만남과 시간으로 태어난다

진 나무의 모습이 좀 다릅니다. 근처 건물의 3층쯤 올라가서 내려다 보면 건물 가까운 쪽에 있는 나무가 더 크고, 도로 쪽 나무는 더 작고 여립니다. 사람들이 다니는 보도를 차근차근 더 넓혀나갔기 때문이겠지요.

건물 쪽 보도는 사람의 통행을 위해 물론 비워놨지만, 새로 생긴 보도에는 카페에서 사용하는 초록과 빨간색 테라스가 차지하고 있습니다. 낮부터 저녁까지 언제나 붐비는 카페 테라스는 넓은 거리에 생기와 활력을 불어넣고 인간적이고 친근한 분위기를 조성합니다. 그랑 팔레나 엘리제 정원의 녹지들과 19세기에 만들어진 벤치와 분수, 음수대 등이 이곳저곳 쉴 곳을 제공해주고요. 게다가 일요일에 가끔씩 자동차 통행이 차단되면, 거리는 관광객들이 좀 더 자유롭게 걸을 수 있는 공간으로 변합니다. 밴드들이 길 가운데에서 공연을 하고, 이를 바라보며 느긋하게 즐기던 사람들은 편하게 주변 카페에 들어가 점심을 먹거나 커피를 마시고, 상점을 구경할 수 있는 부담 없는 거리가 되는 것이지요.

우리나라에도 샹젤리제보다 훨씬 오래 전부터 나라를 상징하는 길이 있습니다. 우리나라의 수도 서울을 대표하는 세종대로는 조선의 법궁인 경복궁 정문에서 출발해 육조거리로 뻗어나가는 거리입니다. 광화문에서 시청 앞까지 직선으로 이어졌다가 덕수궁의 정문인 대한문 앞을 지나면서 남서쪽으로 약간 축이 휘어 남대문까지 연결합니다. 서양 도시의 축은 일직선으로 쭉 뻗어 있지만 우리나라 도시의 축은 서쪽으로 휘어져 있어 지형과 자연에 순응해 만들었다는 것이 잘 드러납니다. 축이 휘어 있다 보니 길을 따라가다 보면 숨어 있던 새로운 도시의 모습을 발견할 수 있는 것도 매력입니다.

세종대로는 누가 뭐래도 조선 시대부터 근현대에 이르기까지 한국의 역사를 고스란히 담고 있습니다. 특히 광화문에서 출발해 종로와 만나는 가로는 세종대로의 핵심입니다. 이 길은 100미터 폭으로 우리나라에서 가장 넓은 도로이며, 2009년 광장으로 변신하기 전까지는 왕복 16차선 차도가 길의 대부분을 차지하고 있었습니다. 그러나 도로 중앙에 길이 557미터, 너비 34미터의 광장을 설치하고 도로를 왕복 10차선으로 줄이면서, 시민들이 다양한 행사를 열고 휴식을 취하며 서울의 경치를 감상할 수 있는 공간으로 탈바꿈했습니다. 예전에는 차를 타고 잠시 지나갈 때만 볼 수 있던 서울의 축이 길 중앙에 광장이 생기자 사람들이 머물 수 있는 공간으로 변화하고, 모든 사람이 감상할 수 있는 풍경이 되었습니다.

이 길의 과거 모습, 조선시대 육조거리는 관료 중심의 공간이었고, 일제강점기에는 조선총독부가 있던 공간이었습니다. 당시에는 조선시대에 비해 도로 폭마저 좁았었지요. 그러나 현대에 다시 도로 폭을 확장하고 경복궁을 점거했던 조선총독부를 철거했습니다. 광화문이 이전 모습으로 복원되면서 길과 도시는 역사성을 되찾아가고 있습니다. 광화문에서 뻗어나오는 넓은 대로를 쭉 따라 가면 세종문화회관을 거쳐 시의회에 다다르고 시청을 거쳐 남대문으로 연결됩니다. 이 공간의 시작에 넓은 광장이 자리잡고 있고, 그곳이 사람들로 채워졌다는 사실은 도시의 주인이 시민으로 바뀌고 있음을 의미합니다.

세종대로의 시작에 광화문 광장이 들어선 것은 우리 도시가 좋은 방향으로 변해가고 있음을 나타내는 증거이지만, 부분적으로는 아직도 변화시킬 부분이 있습니다. 일례로, 세종대로라는 이름을 따라 높이가 거의 10미터나 되는 거대한 세종대왕의 좌상이 광장 정중앙에서 북악산과 경복궁이 한눈에 보이는 장엄한 광경을 막고 있는 것은 상당히 아쉬운 일입니다. 어렵게 자동차를 줄이면서 사람들에게 도시의 중심 공간을 돌려줬지만, 세종대왕이 거대한 덩치로 광장 앞부분을 막고 있어 그 앞에 서면 숨이 막히고 이 공간의 주인공이 아직도 광화문과 시민이 아닌 것처럼 느껴집니다. 물론 샹젤리제에도 드골 장군의 동상이 있습니다. 하지만 세종대왕 좌상과는 상당히 다른 모습입니다. 크기가 훨씬 작아 사람들에게 친밀한 느낌을 주며 길 한켠에 물러나 자리하고 있거든요.

샹젤리제 거리나 세종대로 같은 길은 한 나라의 역사와 국민의 자부심을 표출하는 중요한 공간입니다. 누군가는 광화문 광장을 천막과 시위자가 차지해 광장의 원래 모습을 보기가 힘들다며 아쉬워하지만, 그 또한 우리 사회가 거쳐가는 과정입니다. 반대로 생각해 보면 그동안 우리 도시에는 자신의 의견을 표출할 공간이 그토록 없었다는 의미일 테니까요.

국가와 도시를 대표하는 길은 흐르는 시간 속에서 계속 다음 주인공을 찾아가며 한 나라의 정체성을 드러냅니다. 샹젤리제 거리도 세종대로도 시민사회의 발전과 승리, 민주화의 역사를 담고 있습니다. 크고 멋지고 당당한 길은 국민들에게 문화적 자부심을 심어주고 자신의 의견을 표현하는 훌륭한 공간으로 중요한 의미를 지닙니다. 사람들로 채워져 광장이 된 거리는 우리가 사랑하는 도시의 모습 그 자체일 것입니다.

도시 속
미로

미로는 복잡한 길이 계속 혼란스럽게 이어져 출구를 찾기가 참 힘듭니다. 놀이를 할 때는 재밌는 공간이지만, 실제로 미로 속에서 길을 잃고 이리저리 헤매는 사람에게는 언제쯤 빠져나갈 수 있을지 매우 걱정스럽고 혼란스러운 공간입니다. 가장 유명한 미로는 아무래도 그리스 로마 신화 속 크레타섬의 미로이겠지요. 건축가 다이달로스가 만든 이 미로는 아무도 빠져나올 수 없게 만들어졌는데, 그 속엔 괴물인 미노타우로스가 살고 있어 이 미로에 들어간 사람은 아무도 살아나올 수 없었습니다. 물론 신화에서는 아테네의 영웅 테세우스가 미로를 만들게 한 미노스 왕의 딸 아리아드네 공주의 도움을 받

| 미로에서 빠져나오기 힘든 것은 모든 길이 비슷하고 특징이 없기 때문이다. 단시간에 조성된 우리
나라 신도시 역시 처음 찾는 사람은 그 안에서 방향과 위치를 찾기가 쉽지 않다.

아 미노타우로스를 죽이고 미로를 탈출하지요.

제주도에는 사시사철 초록 잎을 자랑하는 랠란디 나무로 만들어
진 김녕미로공원이 있습니다. 이 공원의 나무 미로는 손으로 쓰다듬
고 싶을 정도로 아름다운데, 규모가 그리 크지 않아 첫눈에는 쉽게
길을 찾을 수 있을 것 같아 보입니다. 하지만 1미터 남짓한 좁은 미
로에 막상 들어서면 출구를 찾기가 만만찮습니다. 처음 들어갈 때는
자신 있게 길을 찾을 것 같아도, 이리저리 두어 번 모퉁이를 돌다가
길이 막히면 그다음부터는 방향감각을 잃어 자신이 어디에서 왔고
어디로 가야하는지 확신이 사라지게 되지요. 처음부터 끝까지 길의
폭과 생김새가 비슷해 공간의 특색이 없어 도저히 구분할 수 없기

도시는 만남과 시간으로 태어난다

때문입니다. 신화 속 테세우스는 실뭉치 끝을 미로 입구에 묶어두고 다시 실을 따라 나왔기에 탈출할 수 있었지, 그렇지 않고서는 스스로 길을 찾아 나올 수 없었을 겁니다.

하지만 실제로 도시에서 살다 보면 미로에 갇힌 것처럼 길을 찾기 어려울 때가 많습니다. 우리나라의 신도시 역시 비슷비슷하게 생긴 아파트 단지가 여기저기 둘러싸고 있고 길의 모양도 대부분 격자로 잘려 있어 구분이 쉽지 않아 길 찾기가 여간 힘든 게 아닙니다. 길 주변에 서 있는 상가나 아파트의 모양이 다들 비슷해서 벽면에 쓰인 아파트 이름이나 건물 지붕에 덧씌워진 구조물을 눈여겨보지 않으면 도통 이곳과 저곳의 구분이 어렵습니다. 조화로운 풍경을 만든다고 전문가들이 색채 팔레트를 놓고 건물에 어떤 색을 칠할지 계획하지만, 결국엔 건축심의를 통과하기 쉽게 가장 무난한 회색이나 베이지색을 칠하고 저층에는 고급스런 이미지를 연출하기 위해 돌을 붙여 놓습니다. 그래서 비슷한 시기에 신도시에 들어선 아파트들은 아무리 봐도 이 단지가 저 단지 같고, 저 단지가 이 단지 같습니다.

어디를 가도 주변 풍경이 비슷하다 보니 그 도시에 익숙해지기 전까지는 자칫 길을 못 찾고 헤매기 십상입니다. 그리고 단지 안에 들어가서도 자신이 사는 아파트 동을 찾기가 쉽지 않고 외부인의 경우에는 단지 안에서 가고자 하는 동을 찾아 빙빙 돌거나 길을 잃는 수가 생깁니다. 슬픈 일이지만 치매를 앓는 노인들이 아파트 단지 안에서 길을 잃는 경우가 반복적으로 발생한다고 합니다.

물론 신도시를 계획하는 도시계획가나 건축가 들은 주어진 조건 하에서 남다른 경관을 만들기 위해 노력하고, 사람들이 정감을 가질 수 있도록 건물의 색채나 형태를 다양하게 고민합니다. 하지만 사업성을 극대화하려고 정해진 공간에 최대한 많은 사람들이 살 수 있게 빽빽하고 높은 건물을 10여 년 남짓 짧은 시간에 지은 신도시들이 수백 년에 걸쳐 만들어진 도시처럼 다양한 풍경을 만들기란 쉽지 않은 일입니다.

자연적으로 만들어진 도시는 길이나 폭이 다양합니다. 넓은 길, 좁은 길, 짧은 길, 막힌 길도 있고, 갑자기 구부러진 길이 나오기도 해 체계적인 공간과는 거리가 멀지요. 이곳에 면한 건물들도 땅의 크기가 다르고, 건물의 높이가 달라 들쭉날쭉한 경우가 많습니다. 경제적 사정이나 취향에 따라 건물을 짓는 재료도 달라지니 누구는 붉은 벽돌과 나무를 사용하고, 누구는 콘크리트, 또 다른 누구는 석재를 사용하지요. 이런 집들이 늘어선 도시는 길과 공간이 서로 다른 개성을 지녀 다른 길과 헷갈리지도 않고 목적지에 쉽게 찾아갈 수 있습니다.

도시계획이 규정하는 8미터 도로, 25미터 도로 같은 매뉴얼을 그대로 적용해서 만든 도시는 공장에서 기계로 찍어낸 물건처럼 편

도시는 만남과 시간으로 태어난다

리하긴 하지만, 모두 닮은 공간이 됩니다. 최고의 용적률을 찾기 위해 건설회사는 최고 높이에 맞춰 아파트를 짓고, 규격화된 집을 4~6채씩 붙여야 하니 개성 있는 구조가 나오기 힘듭니다. 외식을 하거나 쇼핑을 위해 상가에 가면 기존 도시보다 훨씬 큰 규모의 상업시설 안으로 들어가 복도 양측에 늘어선 가게를 따라 걷게 됩니다. 건물 밖의 공간도, 건물 안의 공간도 서로 비슷해서 어디로 들어와서 어디로 나가야 하는지 헷갈립니다.

그래서 오늘날 짧은 기간 안에 만들어진 신도시의 공간은 아무리 격자형으로 단순하더라도 사람들이 방향감각을 잃고 길을 헤매게 됩니다. 너무 복잡해 아무도 빠져나갈 수 없었던 신화 속 미로가 다시 21세기 우리나라 신도시에 나타나게 된 까닭은 공간의 다양함이 부족해서입니다. 다양하고 풍요로운 도시의 모습은 설령 아무리 천재적인 계획가가 나선다고 해도 단시간에 뚝딱 만들어지지 않거든요.

맛있는 빵집이나 돈가스 가게가 입소문을 타면 사람들은 그 장소와 그곳에 다다르는 길을 기억합니다. 그리고 그곳을 중심으로 머릿속에 길과 지도를 그려 나아가야 할 방향을 찾지요. 시간이 흐르고 사람들의 발길을 거쳐 도시공간이 변화되다 보면 언젠가는 서로 엇비슷한 신도시의 길들도 조심씩 개성이 생겨 특색 있는 길이 될 테지요. 이즈음이 되면 신도시의 길도 미로 같은 모습에서 벗어나

보다 많은 사람들이 친근하게 느끼고 찾아가고 싶은 공간이 될지도
모릅니다.

도시는 만남과 시간으로 태어난다

물길과
바람길

도시에는 사람이 다니는 길만 필요한 게 아닙니다. 도시가 복잡해지고 산업이 발달할수록 자연이 함께할 자리를 만드는 것이 무엇보다 중요합니다. 20세기의 도시는 자동차를 중심으로 만들어졌습니다. 길이 더 멀리, 더 넓게 뻗어나갈수록 사람들은 그 길을 따라 자연을 도시로 바꾸고 삶의 터전을 일궜습니다. 그러자 도시 속에 남아 있던 녹지 또한 점점 사라져 자연을 만나려면 더 멀리 나가게 되었지요.

우리나라는 산이 많은 지형적 특성 때문에 어느 도시에서나 크고 작은 산을 만날 수 있고 산과 연결된 녹지와 물길이 도시 속으로 흘러듭니다. 그래서 도시 속에 자연이 함께하고, 자연이란 큰 틀 안에 도시공간이 자리잡고 있었습니다. 하지만 현대로 들어오면서 부족한 집과 건물을 짓기 위해 낮은 구릉을 밀어버려 아파트 단지로 바꾸고 하천은 대부분 복개공사를 해 도로로 만들면서 도시 속에서 초록색 자연도, 물길도 점차 찾아보기 어렵게 변했습니다.

자연이 사라지자 도시 환경은 사람이 살기에 점점 척박하게 바뀌고 있습니다. 얼마 전부터 한여름 대도시의 폭염은 매년 기록을 갱신하고 있습니다. 40도가 넘는 곳이 이곳저곳 생기고 열대야도 점점 늘어나 에어컨 없이 잠을 자기 힘든 날이 여름 내내 계속됩니다. 또한 심각한 가뭄이 발생해서 수돗물 공급을 제한하는 곳들도 생겼습니다. 장마철이 아닌데도 집중호우가 쏟아져 서울 한복판이 물바다로 변하거나 산기슭이 무너져 도로를 덮치는 일도 벌어집니다. 예전의 자연재해는 장마나 태풍이었지만, 피할 수 없는 폭염, 폭서, 혹한이 계절이 바뀔 때마다 번갈아가며 우리를 덮치고 이제는 미세먼지 문제까지 더해졌지요. 인공적으로 변한 도시 환경에서 사람이 건강하게 살기가 점점 힘들어지고 있습니다.

도시에서 자연이 사라지면서 생긴 문제점들은 다시 자연을 도시 속으로 되돌리는 방법으로 완화할 수 있습니다. 지구가 수많은 동식물이 함께 사는 생태계인 것처럼, 도시의 길에도 물과 바람, 그리고 나무로 연결되는 길이 필요합니다. 빽빽하게 들어선 건물 사이로 바

| 파리 라빌레트 공원을 가로지르는 운하의 모습. 우리 도시가 10여 년 전부터 하천을 복원해 물길을 되살린 것처럼, 세계 여러 도시에서도 하천이나 운하와 같은 물길을 매우 중요하게 여긴다.

람이 흘러갈 수 있는 길을 터주고, 도로 밑으로 숨어 들어갔던 하천을 다시 도시 위로 흘러가게 만들면 그 길을 따라 저절로 바람도 흐르고 풀과 꽃, 물고기 들이 돌아옵니다. 비록 한강물을 인공적으로 퍼올려 흘려보내는 물길이지만, 청계천이 돌아오자 개천과 주변 작은 녹지를 보기 위해 사람들이 모여들었고, 그 길을 따라 여름에는 바람이 흘러 한낮 도심에 축적된 열이 빠져나갑니다. 물길이 생기자 사람들은 도심을 천천히 걷고, 무더운 밤 이곳에서 바람을 쐬며 더위를 식힐 수 있게 됐습니다.

예전에는 넓은 공원을 중요하게 여겨 많이 만들었지만, 이제는 나무와 풀이 우거진 길들이 연결된 '그린 네트워크'를 만들어 사람들이 도시 속을 걸어다닐 수 있는 환경이 중요해졌습니다. 또한 초록 길과 함께 물길이 연결되는 '블루 네트워크'도 매우 중요해졌습니다. 하늘에서 내리는 비를 저장해, 이를 연결하는 물길을 도시 속에 만들면 다양한 생태계가 살아나기 때문입니다. 녹지와 물길이 씨실과 날실처럼 만나는 도시, 자동차 중심의 도시가 아니라 사람이 걸어다니는 속도로 천천히 움직이는 도시는 우리에게 보다 친절한 도시입니다.

21세기 들어 우리나라의 행정중심복합도시로 새로 만들어진 세종시에는 너무나 아름다워 이름마저 금강인 강줄기가 도시를 가로지르고 있습니다. 금강으로 연결된 여러 물줄기는 도시 곳곳을 흐르고 있지요. 그중에는 인공적으로 만들어진 물줄기도 있지만, 도시 안과 주변의 산에서 흘러내린 물줄기도 있습니다. 도시를 만들면서 기존부터 있던 물길을 따라 이곳저곳에 생태하천을 조성했더니 예상하지 못한 재밌는 풍경이 나타났다고 합니다. 봄이 되면 아파트 단지를 가로지르는 하천에서 개구리 우는 소리가 들리게 된 것이지요. 특히 주변이 조용해지는 밤이 되면 개굴개굴 소리가 더욱 커져 단지를 울리는데, 이 소리를 듣고 아이들이 밤마다 모여들어 개천에서 개구리를 구경한다고 합니다.

가장 현대적인 모습을 자랑하는 신도시 한가운데서 개구리 소리

도시는 만남과 시간으로 태어난다

가 들리고, 이를 잡으려고 아이들이 첨벙거리는 소리가 동네를 시끌 벅적하게 만드는 것은 재밌고 즐거운 일입니다. 아이들을 따라 엄마 아빠도 집 밖으로 나오면 아파트 단지는 사람들이 어울리는 친근한 동네가 됩니다. 아파트 단지를 가로지르는 물길을 따라 풀과 나무가 자라서 곤충, 개구리가 원래 있던 곳으로 돌아온 것인데, 작은 개구리가 도시에 가져온 변화는 제법 큽니다.

그래서 요즘은 도시 속 자연을 개발할 때 생태통로처럼 기존에 살던 생명들이 이동할 수 있는 길을 만드는 것을 매우 중요하게 여깁니다. 세종시에서는 개구리였지만, 어느 곳에서는 다람쥐, 청설모, 뱀과 철새 들도 모두 함께 살 수 있는 환경을 만들고 있습니다. 생태계가 파괴된 곳에서는 사람도 살 수 없습니다. 생태계가 건강해야 사람이 살기 좋은 환경이 되는 것은 굳이 얘기하지 않아도 누구나 알 수 있는 당연한 사실입니다.

집 근처에 개울을 따라 거닐 수 있는 산책길이 있으면 그보다 더 좋은 것은 없습니다. 추운 겨울의 끝에는 개나리가 피어 따뜻한 햇살이 가까이 왔음을 알려주고, 한여름 무더위에 지칠 때쯤이면 코스모스가 곧 시원한 계절이 올 거라는 소식을 알려줍니다. 가을의 끝자락에서 만나는 노을 녘 억새밭 풍경은 저절로 한 해를 돌아보게 합니다. 자연 속에서 사람들의 생활은 여유로워지고, 길을 걸으면서 서로 만나고 공감하게 됩니다. 물길, 바람길, 풀과 나무의 길은 사람의 길과 엮이면서 도시 속에 시원한 공기, 쾌적한 환경, 사람을 위한 공간을 선물합니다.

'서울로 7017'에 대한
생각

도시에도 흐름과 유행이 있습니다. 한때는 새로운 도로를 만들고 다리를 놓는 것이 가장 중요한 일이었고, 또 어떤 때는 집을 빨리 짓는 것이 제일 중요할 때도 있었습니다. 도시가 커지고 사람들이 모여들 때는 더 많은 집을 세우고, 더 많은 차가 원활하게 다닐 수 있도록 넓은 도로가 필요합니다. 그러나 도시에 사는 사람들이 줄어들거나 산업 환경이 바뀌면 한때 필요로 했던 시설들은 도시를 더 좋은 환경으로 바꾸기 위해 다른 모습으로 바뀌어야 합니다. 이런 모습은 특히 공장과 같은 산업시설이나 철도, 도로에서 많이 찾아볼 수 있습니다.

우리나라 1960, 70년대는 도로를 놓고 다리를 건설하던 시기였습니다. 도시 곳곳에 넓은 도로가 뚫렸고 한강을 건너는 다리들이 놓아졌는데, 이 시기를 거치면서 도로망이 갖춰졌지요. 서울의 한복판인 서울역 앞에는 아주 넓은 도로들이 사방팔방으로 엇갈려 뻗어 있는데, 혼잡하고 넓은 교차로를 건너 서울역의 앞과 뒤를 연결하는 고가도로가 이 시기에 건설됐습니다. 이 고가도로는 1970년에 생겨 명동에서 서울역을 지나 서부역까지 연결되고, 도로가 만들어진 당시에는 철도로 단절된 서울역의 앞뒤를 효과적으로 연결해 교통의 흐름을 원활하게 만들었습니다.

그러나 이 고가도로가 만들어진 지 40여 년이 지나 2012년에 도로의 안전성을 진단해보니, 구조적인 결함 때문에 자동차의 운행이 어렵다고 판단되었습니다. 그러자 서울시는 이 길을 보행전용로로 바꿔서 사람들이 걸어서 도심을 통과할 수 있는 길을 만들기로 결정했습니다. 그리고 1970년에 만들어져서 2017년에 사람 중심의 길로 다시 태어난 것을 기념하고, 17개의 길을 이어 도시 속에 사람의 흐름을 연결한다는 의미에서 이 프로젝트를 '서울로7017'이라 부르기로 했습니다.

도시를 관통하던 중요한 도로를 폐쇄하겠다는 계획을 발표하자, 곳곳에서 여러 목소리를 냈습니다. 인근 주민과 전문가들의 의견이 여러 방향에서 제시되고 검토됐지요. 특히 남대문과 인근 지역 상인

도시는 만남과 시간으로 태어난다

들은 자동차의 통행이 금지되면 물품을 받기 불편해지고 접근성이 낮아질 뿐만 아니라 통행량이 줄어들어 생업에 타격을 받는 문제를 가장 크게 우려했습니다. 주변 상공인들의 반대가 매우 심했지만, 여러 대안과 새로운 도로체계를 검토하여 '서울로7017'은 사람들만을 위한 길로 다시 태어났습니다.

한편 새 길을 개장한다는 소식을 들은 시민들의 기대는 매우 컸습니다. 우리나라의 압축 성장을 상징했던 서울역 앞 고가도로가 녹지로 다시 태어난다니, 어떤 모습일지 궁금했던 거겠지요. 이윽고 2015년 도로의 통행이 금지되었고, 그리 길지 않은 공사 기간을 거쳐 2017년 5월, 서울역 앞 녹색 보행로가 시민들에게 공개되었습니다. 1920년대에 지어진 서울역 앞 풍경을 이제야 사람들이 감상할 수 있게 된 것입니다. 이 공중도로를 걷게 된 시민들의 반응은 어땠을까요?

누군가는 서울의 전경을 한눈에 볼 수 있는 공간이 생긴 것을 기뻐하고, 누군가는 서울 한복판을 손쉽게 가로지르는 편리함을 칭찬했습니다. 또한 길 이곳저곳에 만들어진 휴식시설과 문화시설을 즐기는 사람들도 있었지요. 한편 어떤 사람은 훨씬 더 초록이 무성한 공원을 기대했다가, 콘크리트 화분에 심어놓은 꽃과 나무뿐이라며 기대에 못 미친다는 의견을 내기도 했습니다.

요즘처럼 해외여행이 잦아진 시대에는 많은 사람들이 다른 나라의 도시를 찾습니다. 미국의 대표 도시 뉴욕에는 우리나라 서울로 7017과 비슷한 '하이라인 파크The High Line'가 있습니다. 1900년대 초, 뉴욕 시내에 가공한 육류를 공급하기 위해 만들어진 철도가 냉장시설이 발달하면서 화물차로 운반되자 1980년대에 폐쇄되었습니다. 기차가 운행되지 않으니 이 지역은 급속히 슬럼화가 진행되면서 경제적으로 어려운 사람들이 모여 살고 사회적으로도 많은 문제가 발생했습니다. 1990년대에 폐철도를 철거할 계획이 세워졌지만, 보상비용이 커서 실제적으로 보상이 이뤄지지 못하고 10여 년간 방치되었습니다. 그러자 아예 철도를 들어올려 공중에 떠 있는 모습 그대로 공원을 만든 것이지요. 그리고 그 과정에서 이곳에 자리잡은 젊은이들이 철도 보존을 위한 운동을 벌이면서 지금처럼 지역 명소로 탈바꿈했습니다.

뉴욕의 하이라인 파크는 이름처럼 주변 지역보다 높게 만들어지다 보니 주변을 두루 내려다볼 수 있습니다. 철도와 침목에 풀과 나무를 심고 사람들이 모여 앉을 수 있는 다양한 시설을 만들자 사람들은 도시 속에서 한가하게 여유를 느낄 수 있는 이곳을 사랑하게됐습니다. 근처 주민이나 예술가 들도 철도 아래 공간을 사용하려고 모여들면서 자연스럽게 치안 문제와 사회 문제가 해결됐습니다. 뉴욕 하이라인 파크의 모델은 프랑스 파리의 '비아뒥 데 자르Viaduc des Arts'입니다. 파리의 폐철도가 변한 공중 공원의 하부 아치에는 공방

| 우리나라의 '서울로7017'을 닮은 프랑스 파리의 '비아뒥 데 자르'는 1994년 사용하지 않는 철도를 산책로와 공원으로 변화시킨 곳이다. 철도 하부 공간은 상점과 다양한 기능의 시설로 사용한다.

과 예술품 상점이 있고, 주변에는 다양한 주택과 건물들을 연결하는 풍요로운 녹지와 휴식공간이 자리 잡고 있습니다.

아마 이런 공간들을 알고 있는 사람들은 서울로7017에 풀과 나무가 가득하기를 원했을 것입니다. 둥근 콘크리트 화분처럼 정해진 자리에 꽃이 심어진 인위적인 분위기가 아니라, 이곳저곳에 목재 데크가 있고 자연스럽게 풀씨가 떨어져 꽃과 풀들이 풍성하게 자라 있는 풍경을 머릿속에 그렸을 것입니다. 밋밋하게 걷는 보행로보다 바

| '비아뒥 데 자르'는 크고 작은 나무와 꽃, 휴식공간이 어우러져 파리에 4.5킬로미터의 녹색 공간을 제공한다. 이런 이유로 수목이 심어 있는 산책로라는 뜻의 '프롬나드 플랑떼(Promenade Plantée)'라고도 불린다.

닥에 나무 데크가 깔려 있거나 키 작은 나무들이 자라 있기도 하고, 오르락내리락 다양한 느낌이 나서 콘크리트 공간에서 우리를 해방시켜 줄 것이라고 기대했겠지요.

어쩌면 파리의 비아뒥 데 자르나 뉴욕의 하이라인 파크는 철도였기 때문에 서울로7017과는 조건이 달랐을지도 모릅니다. 서울고가도로가 구조적으로 위험했던 탓에 흙이나 목재처럼 무거운 재료를 올려 공간을 만들기에 어려움이 있었을 수도 있습니다. 또는 정

도시는 만남과 시간으로 태어난다

해진 시간 내에 공간을 완성해야 했기 때문에 만드는 데 더 오랜 시간을 쓸 수 없었는지도 모릅니다. 하지만 좀 더 시간을 갖고 깊이 고민해서 만들었다면 서울의 한복판을 관통하는 짙고 굵은 초록색 선이 그어졌을 거라는 아쉬움이 남아 있습니다. 서울로7017에 대한 기대가 컸기 때문에 아쉬움도 큰 것입니다.

　도시는 살아 있는 유기체와 비슷해서 도시를 구성하는 많은 요소들이 끊임없이 변화합니다. 길이 변화하면 사람들의 삶도 변화하고요. 만일 나무가 더 많아 초록이 느껴지는 공간이었더라면 사람들은 이 길을 지나가는 데 그치지 않고 오랫동안 머물면서 휴식을 취했을 것입니다. 사람에게 허락되지 않았던 길을 사람이 주인인 길로 만든 것 자체로도 의미가 크지만, 길 위에 점점이 찍힌 초록색 터치가 훨씬 더 대담하게 우리 도시의 색깔을 바꿀 수 있었더라면 사람과 자연이 함께 뒤섞이는 보다 멋진 길이 되었을 것입니다.

흐르고, 머물고,
스며든다

길은 사람이나 차가 편안하고 안전하게 지나다니면서 원활하게 흘러가야 합니다. 하지만 실제로 도시에 살면 교통체증을 피하기 쉽지 않지요. 비 오는 금요일 저녁, 서울과 같은 대도시에서는 10분이면 갈 거리를 1시간이 지나도 벗어나지 못하고 도로 위에 갇혀 있기도 합니다. 도시에서 교통체증은 어떻게든 피하고 싶은 것 중에 하나입니다.

하지만 도시 전체를 놓고 보면 무조건 빨리 지나는 길이 좋은 것만은 아닙니다. 사람들이 재빨리 지나가버리고 머물지 않아 인적이 사라진 거리에 휑한 바람마저 불면 마치 공포 영화 속 도시처럼 음

도시는 만남과 시간으로 태어난다

산한 분위기가 가득합니다. 무조건 빠르게 흘러가는 개울물보다 움푹 파여 물의 흐름이 늦춰지는 곳에 물고기들이 모이고 사람들도 쉬어가는 법입니다. 물론 물이 고여 있기만 하면 썩을 수 있기 때문에 토끼가 새벽에 세수하러 오고 싶은 맑은 샘물이 산속에 있으려면 흐르는 물의 양이 적당해야 하고, 어느 정도 흐르다가 다시 모이고 또 다시 흐르도록 이어져야 하겠지요.

우리가 사는 도시공간의 길도 흘러가는 물과 비슷합니다. 물이 너무 빨리 흐르면 빠른 속도 때문에 물고기들이 모일 수 없는 것처럼, 도시 속 거리에도 곳곳에 사람들이 적당히 모여 있을 수 있는 장소가 필요합니다. 차량이 쌩쌩 달리는 길가에서는 사람들도 빨리 걷습니다. 자동차 소리가 시끄럽고 빨리 달리는 차들이 위협적으로 느껴지기 때문입니다. 그래서 사람들이 걷기 편안한 길을 만들려면 자동차들도 천천히 달리는 길을 만들어야 합니다. 그리고 사람들이 여유 있고 편안하게 지날 수 있도록 넓은 공간도 필요하고, 볼거리나 앉아서 쉬고 싶은 곳도 있어야 합니다.

그렇기 때문에 도시를 계획할 때에는 차가 천천히 다닐 수 있도록 도로를 만들 때 여러 방법을 사용합니다. 길에 볼록 솟은 과속방지턱을 만들기도 하고, 단속 카메라를 설치하기도 합니다. 하지만 이런 길에서는 빨리 운전하다 그 앞에서만 속도를 낮추는 일이 많습니다. 그래서 요즘은 일부러 길을 구불구불 내서 운전하는 사람들이 스스로 조심조심 운전하게 하죠.

재미가 느껴지는 길은 폭이 넓어졌다 좁아지기도 하고, 가끔은 구부러지기도 해서 멀리서는 미처 보이지 않았던 새로운 풍경이 나타나는 길입니다. 아주 넓은 식당에 혼자 앉아 밥을 먹는 것이 썰렁하고 편안하지 않은 것처럼, 길도 지나다니는 사람에 맞게 적당히 넓어야지 무조건 넓다고 해서 좋은 길은 아닙니다. 특히 우리나라는 자연적으로 지형에 높낮이가 있어 이를 따라 길을 만들면 신도시처럼 격자형 길이 나타나기 어렵습니다. 자연적으로 발생한 도시에서 길이 구불구불하거나 좁았다가 넓어지는 것은, 이처럼 땅의 생김새를 따라 자연적으로 길이 만들어졌기 때문입니다.

요즘 길은 사람과 자동차를 위한 길만 지칭하지 않습니다. 사람들은 자전거, 스쿠터, 킥보드, 휠체어처럼 다양한 이동수단을 이용해 도시를 누빕니다. 한편으로는 온실가스에 대한 우려가 커지고 건강에 대한 관심이 높아지면서 점점 환경오염을 줄이는 교통수단을 이용하는 사람들이 많아졌기 때문이고, 다른 한편으로는 오토바이나 자전거를 타면 교통체증에서 자유롭기 때문입니다.

각 도시마다 '따릉이'나 '타슈' 같은 공용 자전거가 있는 것처럼, 이제는 공용 킥보드가 있고, 공용 스쿠터가 생긴 도시도 있습니다. 사람들이 다양한 교통수단을 사용하자 자동차와 사람만으로 채워지던 도시의 길이 달라지고 있습니다. 각자의 속도가 다르기 때문입니

도시는 만남과 시간으로 태어난다

다. 사람이 걷는 속도, 자전거를 탄 속도, 자동차나 버스의 속도가 다르고, 또 어른이 걷는 속도, 지팡이를 짚은 노인이 걷는 속도, 아장아장 아기가 걷는 속도도 모두 다르기 때문에 도시의 길은 다양한 속도와 움직임을 담을 수 있어야 합니다.

사람들이 차에서 내려 길을 걷게 되고 다양한 이동수단을 이용하다 보면 도시와 사람은 한결 가까워집니다. 움직이는 속도가 느려지면 길과 도시의 모습이 눈에 더 잘 들어오고 마음에 드는 공간에는 어디에서나 가던 길을 멈추고 들어갈 수 있습니다. 주차할 곳을 찾느라 이리저리 헤매야 하는 자동차를 탄 사람들보다 훨씬 더 도시와 긴밀하게 교류하게 되지요.

길이 살아나는 것은 혈관이 살아나는 것과 같습니다. 식물에 물관과 체관이 있고 사람에게 혈관이 있는 것처럼, 도시에도 구석구석 산소를 공급하고 사람을 연결하는 길이 있습니다. 이제는 거대한 실내 쇼핑몰에서 벗어나 길들로 연결된 마을 형태의 쇼핑몰이 인기를 끌고 있습니다. 물론 실내 쇼핑몰도 길로 연결된 곳이기 때문에 결국 길이 사람들의 흐름을 만들고 공간에 생기를 불어넣는 셈이겠지만요.

19세기 초 파리에 아케이드가 발달하면서 생겨난 새로운 문화와 아름다운 공간은 사람들을 불러 모았고, 밤거리의 가스등은 파리를 아름다운 빛의 도시로 만들었습니다. 비록 지금은 흔적만 남아 있지만, 종로 바로 뒤 성인 한두 명이 겨우 지나갈 만큼 좁은 골목길인 피맛골은 조선시대 마차를 탄 높은 관리들에게 엎드려 절을 해야 했던 하급 관리들이 상급 관리를 피해 다니던 뒷길입니다. 마차를 피하기 위한 길이라는 의미에서 피맛골이라는 이름이 붙었고요. 이 길은 지금까지도 높은 현대 건물로 둘러싸인 절벽 사이를 구석구석 가로지르는 긴장감 있는 공간입니다.

대형 블럭과 대규모 건물로 채워진 도시는 60~80미터가 넘는 블록에 한두 개의 건물만 자리하다 보니 사람들은 크고 밋밋한 건물의 외면만 보고 지나갈 뿐입니다. 하지만 작은 건물이 빼곡하게 들어차 있고 안쪽 길이 서로 연결된 공간은 사람을 이끄는 길잡이가 됩니다. 이처럼 길은 도시공간 속속으로 스며들어가는 게 중요합니다.

걷고 싶은 길이 많은 곳, 도시 구석구석 연결하는 길이 모세혈관처럼 발달한 곳이야말로 제가 생각하는 좋은 도시입니다. 집으로 돌아가는 길, 학교 가는 길이 즐거워야 하고, 동네 사이사이를 연결하는 길, 달동네에서 볼 수 있는 좁고 작은 길처럼 다양한 길이 많은 도시가 이야깃거리가 많고 풍부한 삶을 담아낼 수 있습니다. 사람들이 많은 밤거리는 누군가가 지켜보는 안전한 길이 되지요. 서울의 문래동이나 성수동처럼 공장 지역의 특성이 느껴지는 거리도 좋고, 제주도의 바오젠 거리처럼 외국 문화와 닿아 있는 특화된 길도 있습니다. 길만큼 도시의 모습을 다양하게 담고 있는 공간은 없습니다. 계절이 느껴지고, 동네가 느껴지고, 그곳에 사는 사람들의 특성이 느껴지는 길을 자주 만나게 될수록 도시의 삶은 풍요로워집니다.

3장.

도시는 만남을 위해 존재한다

나 홀로
살 수 있을까?

우리가 사는 도시공간을 살펴봅시다. 예전의 집들은 가족이 사는 공간이었지만, 이제는 원룸, 투룸, 고시원, 오피스텔 같은 장소가 젊은 이들이 머무는 공간이 되었습니다. 혼밥, 혼술이라는 단어가 유행하더니 텔레비전에도 혼자 사는 사람들의 삶을 재밌고 매력적으로 비춥니다. 매해, 매달 출산률 저하 기록을 갱신했다는 뉴스가 심심치 않게 흘러나오고, 얼마 전에는 통계청에서 2018년 우리나라 전체 출산률이 0.98로 1.0이 채 되지 않는다고 발표했습니다. 한 사회의 인구가 유지되려면 출산율이 2.1 정도가 되어야 하니, 세계에서 가장 낮은 수준의 출산율 때문에 우리나라가 가까운 미래에 급격한 인구 감소를 겪을 것임은 쉽게 예상할 수 있습니다.

20~30년 전까지만 해도 좁은 땅에 인구가 너무 많아 걱정을 하던 우리나라의 상황이 왜 이렇게 바뀌었을까요? 여러 원인이 있겠지만, 우리가 사는 도시에서도 문제를 찾을 수 있습니다. 고시원이나 좁은 원룸 같은 곳에 살다 보면 사랑하는 사람을 만나 결혼을 해도 함께 살기가 쉽지 않습니다. 취직을 해도 집값이 너무 비싸다 보니 가족이 함께 살기에 적당한 집을 구하는 것이 걱정되고, 그러다 보니 점점 혼자 사는 사람이 많아지는 것이죠.

인구에 대한 통계 수치를 살펴봐도 실제로 혼자 사는 사람이 많다는 것을 알 수 있습니다. 우리나라 인구에 대해 2017년 11월을 기준으로 조사한 통계청 자료를 보면 1~2인 가구의 비율이 무려 55.3퍼센트입니다. 다시 말해 광고에 나오는 엄마 아빠가 딸 아들과 함께 행복하게 웃고 있고, 가끔 할머니 할아버지도 함께 더해진 단란한 가족 사진은 더 이상 우리나라의 일반적인 가족 또는 거주 모습과는 거리가 멀어진 것이죠.

더군다나 가족이 함께 사는 경우라도 예전처럼 동네나 마을 속에서 사람들과 어울려 사는 모습은 아닙니다. 2017년을 기준으로 우리나라 전체 주택 중에서 아파트는 60.6퍼센트를 차지해 우리나라 사람들의 거주지를 대표합니다. 그러나 우리나라 아파트는 단지도 매우 크고 20층을 넘는 경우가 많아 같은 아파트라도 앞집에 누가 사는지 알기가 쉽지 않지요. 반상회가 있긴 하지만 바쁜 생활 탓에 같은 동에 사는 이웃들과 인사를 나누고 시간을 보낼 정도로 여유가 있지 않습니다.

가족의 형태가 점점 사라지고, 이웃의 개념이 사라지면 앞으로 대부분의 사람들이 혼자 살게 될까요? 만약 혼자 사는 것이 일반적인 생활이 된다면 도시는 어떻게 달라질까요? 집 밖에 나오지 않고 집 안에서 혼자만의 생활에 만족하면서 살게 될까요?

혼자 사는 사람이 많아지고, 사회적인 교류가 적어질수록 오히려 도시에는 타인과 만나고 교류할 수 있는 공간이 더욱 중요해집니다. 노인정이나 복지센터, 청소년 지원센터 같은 시설도 중요하고, 가족이나 이웃사촌, 친구 사이에서 자연스럽게 이뤄지던 돌봄이나 만남이 도시에서 계속되려면 공간이 필요합니다. 동네에 문화센터나 도서관이 있으면 이곳을 드나들면서 사람들은 서로 만나게 되고 친해집니다. 굳이 다른 사람의 도움이 필요하지 않더라도 함께하는 삶은 우리 생활에 편리함과 즐거움을 주거든요.

혼자 살면서 요리를 해먹기는 쉽지 않은 일입니다. 그래서 패스트푸드나 음식점에서 끼니를 때우기 일쑤인 젊은 직장인들이 함께 요리하고 식사할 수 있는 공간, 함께 아이를 키울 수 있는 공간은 우리 삶에 여유를 찾아주고 함께하는 즐거움을 느끼게 돕습니다. 젊은 직장인들이 참여하는 쿠킹 클래스가 인기를 끌고, 자발적으로 만들

도시는 만남과 시간으로 태어난다

어져 성공적으로 운영되는 공동체들이 이를 증명해주지요. 나이별로 혼자 사는 사람들이 필요로 하는 교류의 내용은 다르기 때문에, 이를 담아낼 다양한 공간이 있으면 비록 혼자 살아도 도시 생활이 외롭고 힘들지 않을 것입니다.

이제는 기술이 발달해 화상회의가 얼마든지 가능하지만, 얼굴을 마주하고 회의를 해보면 직접 만나고 소통하는 것이 얼마나 소중한지 실감하게 됩니다. 화상회의에서는 사람들이 시간을 들이고 이동을 해서 직접 만나는 회의처럼 충분한 의사소통과 의견 교류, 심도 있는 논의가 이뤄지기 어렵기 때문입니다. 모든 강의를 인터넷으로 들을 수 있지만, 그래도 우리는 학교에 가서 직접 강의를 듣고 공부합니다. 대학생이나 취업 준비생, 청장년층, 노인층, 어린이 모두 나름대로 교류와 공동의 생활을 필요로 합니다. 형태는 달라도 다른 사람과 교류를 하면 생활이 풍성해진다는 것은 의심할 여지가 없는 사실입니다.

다른 사람을 이해하는 것은 다양한 사람과의 만남에서 시작됩니다. 아무리 AI가 발달해도 사람의 정서를 대신할 수는 없는 것과 마찬가지입니다. 혼자 사는 개인이 늘고 사람 간의 교류가 단절될수록 도시에는 풍요로운 모습으로 사람을 모이게 하고 만남과 교류가 자연스럽게 일어나는 공간이 필요할 것입니다.

사람 사이의
거리

다른 사람들과 교류하기 가장 좋은 곳은 예나 지금이나 시장입니다. 시장은 도시의 발달과 밀접한 관계가 있습니다. 도시라는 단어만 봐도 도읍을 의미하는 '도都'와 시장을 뜻하는 '시市'가 만났으니, 시장이 발달해야 사람들이 도시에 모여 경제활동을 할 수 있겠지요. 화폐가 발달하기 이전까지는 물물교환으로 상품을 거래했습니다. 서양에서도 물건을 정찰제로 판매한 지가 채 200년이 넘지 않았으니 그전까지는 물건을 살 때 가게 주인과 값을 흥정하는 것이 필수였을 것입니다.

지금도 전통시장에 가면 손님과 주인이 "요즘 제철 과일이 뭔가요?" 같은 대화를 주고받으며 물건을 사고파는 경우가 많습니다. 대화를 통해 물건을 사게 돼서 사람 간의 만남이 적극적으로 이뤄지는 셈입니다. 대형마트에서는 혼자 쇼핑카트를 밀고 다니면서 진열대에서 직접 물건을 찾아 카트에 넣지만, 시장에서는 사람끼리의 만남이 있습니다. 요즘에는 마트에 셀프 계산대가 많아져서 한마디 말도 하지 않은 채 필요한 물건을 혼자 사서 나오는 경우도 있습니다. 하지만 아직까지 재래시장에 가면 손님을 부르는 상인들의 목소리도 들리고, 단골집을 찾아 이런저런 대화를 나누거나 물건을 살 때 덤을 얻기도 하는 인간적인 따뜻함을 느낄 수 있습니다.

경복궁의 서쪽에 위치해 서촌이라 이름이 붙은 동네에 통인시장이 있습니다. 시장 중앙에 난 통로를 따라 걸으면 양쪽으로 과일, 채소, 생선과 함께 이미 준비된 맛있는 먹을거리, 마실거리, 반찬들이 알록달록 줄지어 있습니다. 참고로 이곳에서는 통인시장에서만 쓸 수 있는 엽전을 사서 자기만의 도시락을 만들어 먹을 수도 있다고 합니다.

요즘 시장에는 비가 올 때도 장을 보기 쉽게 지붕을 씌워놨는데, 볼록한 세모 모양 천장 아래 작은 가게들이 옹기종기 나란히 모여 있는 모습은 누가 봐도 정감 있습니다. 이런 공간에서는 서로 편하게 말을 주고받을 수 있고 길을 걷다 살짝 몸이 부딪혀도 웃으면서 지나가게 됩니다. 공간이 좁다 보니 작은 김밥집, 꼬치집, 전집 앞에 다닥다닥 붙어서야 하기 때문에 사람들 간의 물리적 거리가 가까워지는 건 물론이고요.

사람의 생활에서는 상호간의 관계에 따라 적정하다고 느끼는 거리가 있습니다. 너무 가까워도 불편하고 너무 먼 것도 의사소통에 좋지 않지요. 물론 이 거리는 문화권마다 약간씩 다르고 학자에 따라서도 차이가 나긴 하지만, 대부분 공적인 거리, 사회적인 거리, 개인적인 거리, 밀접한 또는 친밀한 거리로 구분합니다.

이에 따르면, 대부분의 사람이 강의를 듣는 것처럼 공적인 관계에서는 약 3.5미터 이상의 거리가 필요하고, 회의 등을 통해 사람을 만나는 사회적인 관계에서는 1.2미터 이상, 직장 동료나 친한 친구 사이에서는 45~50센티미터 정도까지 접근을 허락한다고 합니다. 그리고 엄마와 아기, 배우자, 연인 같은 사람이라면 서로의 숨소리가 들릴 정도로 가깝거나 신체가 닿는 것도 허락합니다. 그래서 우리는 별로 친하지 않은 사람이 얼굴을 바짝 대고 말하거나 가까이 다가오면 불편함이나 불안을 느끼지요.

하지만 시장이라는 공간에서는 사람 사이에 지켜야 할 물리적인 거리 기준이 적용되지 않습니다. 좁은 길 사이로 점포가 가득 있으니 사람들이 스쳐 지나갈 수밖에 없지요. 다들 한데 모여 물건을 사고, 기다리고, 옆 사람과 바짝 붙어 앉아 떡볶이와 어묵을 먹는 상황에서 사회적인 거리, 개인적인 거리를 따지기는 참 어렵습니다. 오히려 사람들 사이에 띄엄띄엄 빈공간이 있으면 휑한 느낌이 들고, 발 디딜 틈 없이 북적거려야 뭔가 맛있는 음식을 팔 것 같고, 반드시 들려야 할 것 같은 느낌이 드니까요. 따뜻한 공간이라는 것은 아마 통인시장에서 느껴지는 분위기를 두고 말하는 것일 테지요. 그리고 이런 곳에서는 혼자 있어도 외롭지 않고, 이 분위기를 함께하는 것만으로도 기분이 좋아집니다.

시장은 들여다보면 볼수록 다양한 곳입니다. 남대문시장처럼 큰 곳도 있지만, 벼룩시장도 있지요. 요즘에는 시골에서 열리던 오일장이 아파트 단지나 가로변 또는 주차장이나 공터를 이용해서 열리기도 합니다. 시장의 규모와 상관없이 사람들이 물건을 사고파는 모습은 어딜 가나 비슷합니다. 시장 안의 좁은 골목, 양쪽으로 늘어선 조명을 받아 반짝이는 물건들, 맛보고 가라고 붙잡는 상인들의 모습, 뭔가 더 좋고 신기한 것을 찾아 두리번거리는 사람들과의 부딪힘이 있지요. 어떤 도시를 방문했을 때 사람들이 가장 가보고 싶어 하는 곳이 세련되고 현대적인 백화점이 아니라 시장인 것은 좁은 통로 사이를 비집고 다니면서 그 도시 사람들의 활력과 따뜻함을 느낄 수 있기 때문입니다.

외국의 도시에서는 대형마트보다 시장이나 동네의 작은 가게가 그 나라 사람들에게 훨씬 더 사랑을 받습니다. 파리의 거리를 걷다 보면 많은 사람들이 정육점, 과일가게, 치즈가게, 디저트 가게처럼

| 사람 사이의 거리에 따라 친밀도가 달라진다. 우리나라의 재래시장이나 파리의 카페에서는 사람들 간의 거리가 매우 좁다. 이런 공간에서 사람들은 보다 친밀한 관계가 된다.

수많은 작은 상점들을 찾습니다. 근처에 카르푸 같은 대형마트가 있지만 사람들은 특색 있는 작은 가게를 더 좋아합니다. 아무리 질이 좋고 다양한 물건을 팔아도, 사람들과 가깝게 교류하는 것을 선호하기 때문일 겁니다.

작은 가게에서 물건을 몇 번 사보면 묵묵히 혼자 장을 보고 필요한 물건을 찾아야 하는 대형마트에서 느낄 수 없었던 친절함과 따뜻함이 전해집니다. 정이 들 정도로 반갑게 인사를 주고받고, 계산대에선 출퇴근 시간에 같이 들리게 된 앞사람을 기다리면서 남들은 어

도시는 만남과 시간으로 태어난다

떤 것을 사는지 구경하고, 내 순서가 돼서 필요한 물건을 말할 때 주고받는 대화도 즐거울 따름입니다. 정성껏 포장한 물건을 받아들고 나오면 집으로 가는 발걸음도 왠지 더 가벼워집니다. 이런 곳에서 45~50센티미터의 법칙은 적용되지 않습니다. 앞사람과 밀접하게 붙어서 기다리고, 물건을 주고받을 때 30센티미터 이내로 거리가 가까워지기 때문이지요. 어쩌면 좁은 공간에서 가깝게 있다 보니 친밀하게 느끼는 것일지도 모르겠습니다.

동네의 시장과 작은 가게는 사람들이 서로 만나는 중요한 곳입니다. 개성을 살려 예쁘게 장식한 가게에서는 주인의 취향도 느낄 수 있습니다. 주인의 말투로 어떤 사람인지도 파악할 수 있고, 어느 곳에서 왔는지도 짐작할 수 있습니다. 어디에나 있는 프랜차이즈 상점이나 음식점이 아닌 우리 동네에만 있는 시장과 가게, 그리고 나를 알아봐주는 단골가게 사장님은 든든한 이웃이 되어주고 도시 생활이 외롭지 않게 따뜻함을 나눠줍니다.

도시 속
녹색 여백

매력적인 도시가 갖춰야 하는 가장 중요한 공간은 공원입니다. 도시는 높은 빌딩이나 화려한 건물이 없어도 매력적일 수 있지만, 공원이 없는 도시는 절대로 멋진 도시가 될 수 없습니다. 우리가 잘 아는 유명한 외국 도시에는 어김없이 멋진 공원이 있습니다. 뉴욕의 센트럴파크, 런던의 하이드파크, 파리의 튈르리 공원과 뤽상부르 공원처럼 어디에나 공원이 있지요. 여행 가이드를 봐도 반드시 가봐야 할 곳으로 그 도시의 오래된 공원을 소개합니다. 공원에는 그 도시가 발달한 역사가 그대로 남아 있는 경우가 많은 데다, 그곳에 가면 그 도시의 가장 아름다운 모습을 볼 수 있기 때문입니다. 그렇지만 무

도시는 만남과 시간으로 태어난다

엇보다 공원에서는 다양한 사람들이 만나고 섞입니다.

파리에서 공부를 하는 동안 제가 가장 좋아했던 공간 역시 공원이었습니다. 도시와 건축을 공부하기 위해 프랑스에 갔지만, 그 나라에 살면서 정작 반하게 된 것은 도시 곳곳에 있는 크고 작은 공원이었습니다. 플랑트 공원Jardin des Plantes, 라빌레트 공원Parc de la Villette, 몽소 공원Parc Monceau처럼 크고 유명한 공원도 좋았고, 집 근처 도서관 옆에 있던 작고 한적한 공원도 좋았습니다. 그 공원에는 비가 많이 올 때 빗물을 저장해 주변 지역이 물에 잠기지 않도록 낮고 움푹 파인 유수지가 있었습니다. 그 속에서 키 작은 풀들이 자라고 아이들이 공놀이를 하며 놀기도 했습니다. 그리고 공원 안에 작은 포도밭도 있어 과실이 맺히고 자라는 과정을 지켜보는 것도 재밌었습니다. 다른 어느 곳보다 그 공원에 가면 내가 사는 동네에 어떤 사람들이 사는지 알 수 있었고 만날 수 있었습니다.

파리에서는 공원 자체의 아름다운 모습도 근사하지만, 그보다 인상적인 것은 사람들이 공원을 이용하는 모습입니다. 해가 나면 파리의 사람들은 공원으로 몰려나와 해를 쬡니다. 풀밭에 누워 태닝을 하기도 하고, 직장인들은 점심시간을 이용해 공원 벤치에 앉아 샌드위치를 먹지요. 어린아이도, 할머니도, 조깅을 하는 사람도, 관광객도 모두가 공원에 나와 마냥 행복하고 여유 있는 얼굴로 시간을 보냅니다. 문을 여는 이른 아침부터 문을 닫는 시간까지 여러 모습의 사람들이 공원을 찾습니다. 아침 조깅을 하는 사람, 함께 모여 태극권을 하는 무리, 비둘기 모이를 주는 사람, 사진을 찍는 관광객, 책을 읽거나 눈을 감고 휴식을 취하는 사람처럼 매우 다양한 사람들이 출퇴근 시간의 바쁜 모습과는 전혀 다른 생기 있는 모습으로 공원 속에서 만나고 뒤섞입니다. 저는 이것이야말로 공원이 도시에 선사하는 마법이라고 생각합니다.

우리나라에도 굳이 외국 도시에 가보지 않아도 될 정도로 훌륭하고 멋진 공원이 많습니다. 그중에는 상당히 큰 규모를 자랑하는 공원도 많고 동네 한 켠 이름 모를 아기자기한 공원도 있지요. 하루 종일 돌아다녀도 다 돌아보기 어려울 정도로 넓은, '서울숲'이란 이름의 울창한 녹지도 생겼습니다. 과거에 다른 용도로 쓰이던 공간이 도시 한가운데 공원으로 재탄생하기도 하고, 도시 속 자투리 공간을 활용해 만든 쌈지 공원도 곳곳에 생겨났습니다. 이렇게 공원이 많아지니, 사람들의 생활도 달라질 수밖에요. 주말이면 가족이나 친구들끼리 공원을 찾아 휴식과 여가를 즐기고, 집을 구할 때도 가능하면 더 비싼 값을 지불하더라도 가까이에 공원이 있는 곳에서 살기 원한다고 합니다.

우리나라의 독립운동을 촉발시킨 3.1운동도 도시 중심에 사람이 모일 수 있었던 탑골공원에서 시작됐습니다. 그만큼 도시 가운데 위치한 공원은 사회에서 중요한 역할을 맡습니다. 자연적으로 발달한

도시는 만남과 시간으로 태어난다

오랜 역사 속의 도시에는 공원이라는 개념이 없었습니다. 그러나 산업혁명 이후 도시가 급속히 커지며 사람들이 도시로 몰려들자, 극도로 열악한 생활환경을 개선해야 한다는 의식과 필요성이 함께 커지면서 19세기에 들어 서양의 도시에 본격적으로 공원이 조성되기 시작했습니다. 도시 한복판에 센트럴파크가 있는 뉴욕은 처음부터 근대적인 도시계획에 의해 만들어진 도시여서, 대규모 녹지를 지닐 수 있었습니다. 즉, 도시 속 공원은 도시의 주인공이 사람이라는 사실을 우리에게 알려줍니다.

우리나라 도시들도 외형을 확장하던 1980년대를 지나면서 사람들이 점차 공원을 중요하게 생각하자 곳곳에 공원을 만들기 시작했습니다. 이전에는 도시 속에 빈 땅이 생기면 으레 아파트 단지나 높은 건물을 지었지만, 이제는 공원을 만들려고 생각합니다. 그만큼 오늘날의 도시에서 공원이 꼭 필요한 공간이 되었다는 뜻입니다.

공원은 도시 속에서 매우 다양한 표정을 띄고 있습니다. 선정릉이 있는 삼릉공원처럼 현대적인 강남 한복판에 고즈넉이 자리잡아 조선시대 왕조의 번성과 우리 도시의 깊은 역사를 전해주기도 하고, 보라매공원처럼 예전에 공군사관학교가 있던 터를 공원으로 만들어 동네의 역사를 알려주기도 합니다. 한편 서울이 극도로 혼잡해지고 인구가 걷잡을 수 없이 늘어나던 시절, 서울 시민의 쓰레기가 태산처럼 쌓여 있던 난지도 또한 이제는 아름다운 공원으로 변해 환경문제의 중요성을 다시 한 번 생각하게 하고(하늘공원), 서울성곽을 따라 걸으며 도시 전체의 풍경을 감상하면서 오래 전 한양의 모습을 떠올려볼 수 있는 곳(낙산공원)도 있습니다. 다양한 모습으로 도시를 느끼게 하는 데다 친구나 가족들과 함께 찾기도 하고 혼자서도 부담없이 산책할 수 있어 공원에는 여러 즐거운 기억이 함께합니다.

공원은 도시의 역사와 시간을 담고 있을 때 그 모습이 더욱 풍부하게 돋보입니다. 서울에서 가장 매력 있는 장소 가운데 하나인 선유도공원은 1978년에 수돗물을 공급하는 선유도정수장 시설이 노후화되자 공원으로 바꾼 곳입니다. 선유도공원이 매력적인 것은 기존의 정수장 시설로 사용되던 산업유산이 그대로 남아 서울의 예전 정취를 전해주기 때문입니다. 물의 공간과 함께 녹슨 철과 목재, 콘크리트 기둥처럼 시간을 담은 재료로 정원을 만들어 다른 어떤 공간보다도 우리 도시가 지나온 발자취를 편안하고 자연스럽게 전해줍니다. 아이들은 놀이 기구로 변한 옛 산업시설물을 오르내리면서 즐거워하고요. 한강과 갈대와 오래된 시간이 한데 만나 그려낸 풍경은 집 속에 혼자 숨어 있던 발걸음을 이곳으로 이끄는 묘한 힘을 가지고 있습니다.

파리에도 이와 비슷한 공원이 있습니다. 센느강 서쪽 끝에 위치한 앙드레 시트로앵 공원Parc André Citroën입니다. 자동차를 만들던 시트로앵 공장이 이전하고 난 부지에 만든 공원인데, 가운데에는 누구

도시는 만남과 시간으로 태어난다

나 자유롭게 와서 피크닉을 즐길 수 있도록 커다란 풀밭이 자리하고 그 주변으로 보석처럼 반짝이는 작은 테마 정원들이 있는데, 그 정원들은 미술관이나 박물관을 넘어서는 아름다움을 느끼게 합니다. 뿐만 아니라 신전 모양의 유리 식물원과 분수도 넓은 공간에 활력을 불어넣습니다. 아이들은 정원에 놓인 돌을 뛰어넘고 희한하게 생긴 꽃을 관찰하면서 좀처럼 그곳을 떠날 줄 모르며 즐거운 시간을 보냅니다. 혼자 와도, 여럿이 와도 좋은 이 공원은 사람들을 집 밖으로 불러내고, 머물게 하고, 센느강까지 연결되는 도시 속 산책을 선물합니다.

또한 공원은 만들고 가꾸는 과정에서도 여러 사람이 모이는 기회가 됩니다. 서울숲은 조선시대 왕족의 사냥터와 나루터로 쓰이다가 일제강점기에는 정수장, 6.25전쟁 이후에는 경마장과 골프장으로 사용됐지만, 수천 명의 시민과 수십 개의 기업이 함께 모여 2005년에 생태공간으로 탈바꿈한 곳입니다. 평화로운 조선시대 나루터가 도시의 기반시설, 현대적인 오락시설을 거쳐 시민들에게 열린 휴식공간으로 돌아온 자체도 의미가 크지만, 이곳의 더 큰 의미는 시민 중심의 비영리단체와 주민들이 직접 공원이 만들어지는 과정에 참여했다는 것입니다. 함께 모여 자신이 사는 곳에 필요한 시설을 고민하고, 직접 그 시설을 만들어나간 과정이야말로 함께 사는 도시, 그 자체입니다.

점점 외톨이가 되기 쉬운 도시 속에서 편하게 부담 없이 아무 때나 갈 수 있고, 그 속에서 사람들과 만나고 함께하는 공간은 매우 소중합니다. 공원은 개인의 이익을 떠나 모두가 애착을 갖고 아끼는 공간이기 때문에 많은 사람이 모일 수 있지요. 나의 이익이 아닌 함께 사는 도시와 동네를 위해 꽃을 심고 가꾸고 관리하는 모습 속에서 사람들 간의 만남이 태어날 것입니다.

낮고 편안하게, 작고 가깝게

제2차 세계대전이 끝나고 1960년대에 접어들면서 '포스트모더니즘 postmodernism'이라는 예술사조가 전 세계를 휩쓸었습니다. 제2차 세계대전 이전의 세계는 엘리트를 중심으로 합리성과 기계문명을 중요하게 생각하는 '모더니즘'에 기반하여 예술 작품과 건축물이 만들어지고 도시가 계획됐지요. 하지만 20세기 후반이 되자 일반인에게 보다 친숙한 소재를 많이 사용하는 포스트모더니즘이 급속히 인기를 얻게 되었습니다. 포스트모더니즘은 우리가 잘 아는 앤디 워홀의 〈메릴린 먼로〉나 만화 장면을 떠올리게 하는 로이 리히텐슈타인의 〈행복한 눈물〉처럼 누구나 친근하게 느낄 수 있다는 특징을 지닙니다.

포스트모더니즘이 유행하자 기존과는 다른 모습의 건물과 도시가 만들어지기 시작했습니다. 이전까지 유행했던 모더니즘은 도시 속의 공간을 기능에 따라 각각 생산/휴식/여가/녹지로 분리해서 계획하고, 도로 또한 자동차가 다니는 길과 사람이 다니는 길로 구분해 도시가 지상/지하/공중으로 복잡하게 연결되는 입체적인 구조를 지니면서 개별 공간이 분리되었습니다.

모더니즘을 대표하는 건축가 르 코르뷔지에Le Corbusier, 1887~1965 의 저서《빛나는 도시La Ville Radieuse》에 나온 도시 계획안을 보면 격자형으로 만들어진 도로망에 30층이 넘는 십자형 고층타워 건물이 넓은 초록색 공원 위에 솟아 있습니다. 모든 건물이 쏟아지는 햇빛을 받을 수 있도록 고안된 것인데, 아래로는 자동차가 쌩쌩 달릴 수 있는 넓은 도로가 뻗어나갑니다. 모더니즘 정신을 가장 이상적으로 표현한 이 계획안은 우리나라의 분당, 일산 신도시의 모습과 놀랄 만큼 똑같은데, 바로 그 모습이 20세기 초 건축가들이 그리던 꿈의 도시입니다.

제2차 세계대전이 끝난 후 전쟁으로 파괴된 많은 도시에서 가장 시급하게 여긴 문제는 부서진 집과 건물을 신속하게 짓는 것이었습니다. 그래서 모더니즘 건축가들이 주장했던 기능주의 도시계획에 따른 자동차 중심의 대규모 주택단지가 도시 곳곳에 들어섰지요. 하지만 이렇게 만들어진 도시는 머잖아 개성이 없고, 단조롭고, 삭막한 외관에, 일자리나 편의시설처럼 거주민을 위한 시설이 충분하지 못하다는 문제점으로 인해 많은 비판을 받고, 사람들이 애착을 갖고 살기에는 부족한 환경이라 여겨졌습니다.

이때부터 유행하기 시작한 포스트모더니즘 건축과 도시계획은 일반인들에게 친숙한 형태와 색상을 사용해 모더니즘과는 반대되는 양상을 나타냈습니다. 삼각형 모양의 지붕, 그리스 신전에서 차용한 장식기둥처럼 다양한 장식을 사용하고, 분홍, 노랑처럼 생기 있는 색깔로 기존의 무미건조하고 절제된 도시 환경에 다시금 활기를 불어넣었습니다. 어떻게 보면 유치할 수 있지만, 디즈니랜드를 연상시키는 건축물들은 모더니즘에 기반한 건축과 달리 지역의 특성을 반영한 개성을 도시에 다시 등장시켰습니다.

포스트모더니즘을 반영해 만들어진 도시는 모더니즘 사조에 따른 도시처럼 복잡하고 어렵게 공간을 구성하지 않습니다. 포스트모더니즘 시대가 돌아오자 도시는 사람들에게 편안하고 가깝게 다가왔습니다. 하늘 높이 솟았던 건물들은 다시 사람들의 눈높이에 맞춰 낮아졌고, 건물에 세모, 네모, 동그라미처럼 아기자기한 형태가 쓰이기 시작했지요. 자동차와 사람을 분리했던 길도 차와 사람이 함께 다니는 형태로 변했습니다. 또한 자동차를 주요한 이동수단으로 생각해 끝없이 넓게 펼쳐졌던 거대한 도시는 다시 사람이 걸어서 이동할 수 있는 작은 규모로 돌아왔습니다.

르 코르뷔지에가 주창했던 이상적인 모더니즘 도시는 모든 것이 기능에 따라 제각각 나누어지는 도시입니다. 일하는 곳과 휴식을 취하는 집을 분리하고, 사람과 차가 다니는 길을 나누다 보니 회사가 모인 지역은 저녁 6시가 되면 사람들이 떠나, 차가 다니지 않는 밤길은 어둡고 위험했습니다. 하지만 포스트모더니즘 시대의 도시는 사람과 차가 섞이고, 일하는 곳과 집이 가까이 있어 언제나 사람이 머물고 생기가 가득합니다. 모더니즘 도시계획에 의해 만들어지던 도시는 베드타운을 닮았었지만, 그 이후에 만들어진 도시는 일자리와 주택이 가까이 있거나 같은 건물에 함께 있고, 출퇴근을 위해 길에서 많은 시간과 에너지를 소비할 필요가 없고, 가까운 곳에 여가와 상업시설, 교육시설이 모두 갖춰진 복합적인 공간입니다.

이렇게 사람에게 친숙한 도시계획이 전 세계로 퍼지면서 최근에는 '뉴어버니즘New Urbanism'이 등장했습니다. 1990년대부터 본격적으로 나타난 이 흐름은 포스트모더니즘 도시와 유사한 맥락에서 우리가 사는 공간을 예전처럼 다시 사람 중심의 도시로 만들자는 주장입니다. 사람이 걸어다니는 10분 이내 거리에 필요한 시설들이 위치하고, 가로수를 심어 걷기 좋은 환경을 만들고, 대부분의 시설을 보행로를 통해 연결하고, 일터와 직장을 가까이 두고, 대중교통 중심으로 도시가 만들어지죠. 뉴어버니즘 도시에서 공공공간은 매우 중

| 포스트모더니즘과 뉴어버니즘이 유행하면서 새로 조성되는 유럽의 도시공간은 사람과 쉽게 친화될 수 있도록 차도는 좁고, 가로수가 있는 보도를 넓게 계획해 사람들이 걷는 공간을 중심으로 도시를 만든다.

요한 역할을 하기 때문에, 광장이나 공원처럼 모든 사람에게 열린 장소들은 보행자도로로 연결해야 합니다.

그리고 뉴어버니즘은 앞에서 말한 공간들을 통해 다양한 계층, 소득, 직업을 가진 사람들이 한데 섞이고 모이는 것을 중요한 원칙으로 삼고 있습니다. 편안함을 강조하면서도 서로 다른 공간이 다른 모습으로 개성 있는 장소를 만들어 많은 사람이 친밀하고 아름답다고 느끼는 공간을 만드는 것이 핵심이지요. 딱딱하고 거리감이 느껴지던 도시계획의 유행도 사람들이 서로 친밀하게 만날 수 있는 환경을 조성하는 것으로 바뀌고 있습니다. 누가 봐도 그것이 바로 지금 가장 필요한 것이기 때문입니다.

사람들에게 편안하고 쾌적한 환경을 제공하기 위해 노력했던 모더니즘 도시의 시대가 지나고, 다시 포스트모더니즘이나 뉴어버니즘이 좋은 반응을 얻는 것은 편안하게 느끼고 서로 자주 만날 수 있는 도시가 많은 사람에게 호응을 얻기 때문입니다. 그리고 이런 도시공간이 내세우는 것은 무엇보다 '휴먼 스케일human scale'입니다. 휴먼 스케일이란 인간이 모든 공간의 척도가 되는 것입니다. 건물을 디자인할 때 그리는 조감도는 하늘에 떠 있는 새가 바라본 풍경이라 길을 걸어가는 사람들의 눈에 보이는 풍경과는 매우 다른 모습입니다. 그래서 휴먼 스케일을 고려하면 거대하지 않은 건물을 만들고, 사람의 눈높이에서 보이는 풍경을 중심으로 건물을 디자인합니다. 특히 사람의 눈높이와 비슷한 저층부는 친밀감이 느껴지는 디자인이나 재료를 사용하는 것도 특징입니다.

그리고 무엇보다 도시를 계획할 때 사람이 직접 걸어서 갈 수 있는 거리 안에 모든 시설을 배치하고, 생활에 꼭 필요한 상점, 여가시설, 주택단지, 학교, 유치원, 문화시설 들을 보행자도로를 중심으로 연결합니다. 이왕이면 사람이 다니는 길들이 자동차의 방해를 받지 않게 연결되어야 좋고, 나무와 꽃이 눈을 즐겁게 하고, 곳곳에 쉴 수 있는 벤치와 쉼터도 있으면 더욱 좋겠지요. 가로수가 많으면 사계절 내내 사람들이 기분 좋게 걸어다닐 수 있습니다. 그렇게 집 밖으로 나온 사람들이 많아지면 거리는 산책을 하러 나온 작은 공원처럼 변하기도 합니다. 그 이름이 무엇이든, 도시는 사용하는 사람이 중심이 되는 공간으로 변해야 합니다. 높은 주상복합 건물이나 지하 쇼핑몰에서 나와 도시를 직접 만날 수 있는 아기자기한 공간이 많이 생길수록 도시 환경은 보다 풍요로워질 것입니다.

'카사 다 뮤지카'에 담긴 만남

도시 속에서 시간이나 역사와의 만남이 이뤄지는 장소는 사람들이 모이고 애착을 갖기 마련입니다. 포르투갈에는 포르투라는 도시가 있습니다. 포르투갈에서 두 번째로 큰 도시인데, 포르투갈이라는 나라 이름을 포르투에서 따온 것을 보면 과거 이 도시가 얼마나 크게 번성했는지 쉽게 알 수 있습니다. 포르투의 구도심 지역에는 과거의 찬란했던 문화가 그대로 보존되어 있어 1996년 유네스코 세계문화유산으로 지정됐습니다. 이곳에는 특히 '아줄레르'라는 푸른색 타일로 성당과 궁전뿐만 아니라 일반 건물에도 알록달록한 다양한 문양을 꾸며 독특한 아름다움이 가득합니다. 고유의 문화를 아름답

도시는 만남과 시간으로 태어난다

게 간직하다 보니 2001년에는 유럽연합EU의 문화수도로 지정됐습니다.

포르투가 유럽연합의 문화수도로 지정되자 이를 기념하는 다양한 행사가 열렸고, 새로운 문화시설도 생겨났습니다. 당시까지만 해도 포르투에는 전문적인 음악을 연주하고 감상할 수 있는 공간이 없었기 때문에 유럽연합의 지원을 받아 새로운 콘서트 홀을 만들게 됐지요. 새로 지어질 콘서트 홀은 포르투의 큰 광장인 '로툰다 다 보아비스타Rotunda da Boavista'에 바로 면해 있는데, 전통적인 건물과 외곽으로 뻗어나가는 현대적인 건물들이 만나는 곳인데다 나폴레옹의 침략을 물리친 역사적 사건을 기념하는 동상도 광장 중앙에 세워져 있어 이 도시에서 굉장히 상징적인 의미를 지닙니다.

역사를 강조하는 포르투에 콘서트 홀 '카사 다 뮤지카Casa da Música'의 설계를 담당한 네덜란드의 건축가 렘 콜하스Rem Koolhaas, 1944~는 전통을 매우 새롭게 재해석했습니다. 광장 주변을 둘러싼 포르투갈의 작고 풍토성 가득한 건축물들과 조화를 이뤄, 거대한 바위덩어리 형태가 광장에 비스듬히 박혀 있는 형태로 완성되었지요. 도대체 이곳에 왜 저런 기괴한 형태의 건물을 세웠는지 의아하기까지 하지만, 하나씩 자세히 뜯어보면 연결과 개방의 의미가 하나씩 와닿습니다.

콜하스는 건물을 최대한 지면에서 들어올려 아주 넓은 광장을

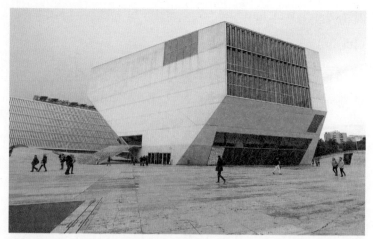

| 포르투의 카사 다 뮤지카는 건설 과정에서 여러모로 어려움을 겪었지만, 오늘날 매우 수준 높은 콘서트 홀로 평가받고 있다. 지면을 차지하는 면적을 최소화한 광장은 주민들에게 매우 사랑받는 공간이다.

만들어 근처에 사는 주민들이 언제라도 다양하게 이용할 수 있도록 했습니다. 광장의 지면을 종이를 구부린 듯 공중으로 들어올려 사람들이 눕거나 앉는 건 물론이고 스케이트보드를 타기도 딱 좋아 다양한 형태로 공간을 즐길 수 있습니다. 그래서 햇볕 좋은 날에는 많은 사람들이 나와 여유롭게 시간을 보내는 모습을 볼 수 있습니다.

건물 안으로 들어가면 콘서트 홀, 휴식 공간, 매표소 같은 다양한 공간에서 건물과 도시, 그리고 역사와 사람을 연결하기 위한 노력을 발견할 수 있습니다. 건축물의 핵심인 콘서트 홀은 무대 배경이 투명하게 열릴 수 있게 만들어 콘서트의 뒷배경으로 역사적으로 중

도시는 만남과 시간으로 태어난다

| 카사 다 뮤지카의 건물 내부에는 포르투의 역사와 지리적 특성이 함께 담겨 있다. 포르투의 전통 건축재료인 아칠레르 타일과 유리를 사용한 테라스는 전통적인 도시 모습을 음악당 내부로 끌어들인다.

요한 광장과 조각상이 보이도록 했습니다. 도시의 유서 깊은 역사를 콘서트 홀 안으로 끌어들인 거죠. 또한 테라스에 올라가면 전통적인 아칠레르 타일로 벽면을 꾸며 포르투의 구도심 속에 들어와 있는 것 같은 느낌을 주고, 이곳의 역사와 전통을 존중하고 있음을 표현합니다. 한편에는 포르투 성화를 재현하고 다른 쪽에는 네덜란드 풍경화를 함께 표현해 이곳이 유럽 전체와 깊은 연관이 있고 여러 문화가 만나고 섞이는 공간임을 나타내고 있지요.

이외에도 콘서트 홀 곳곳에 포르투의 전통 타일과 색상을 재구성하고, 주변 풍경을 건물 안으로 받아들일 수 있도록 로비와 휴식

공간에 커다란 창이 배치했습니다. 매표소에서도 리허설을 하는 뮤지션들의 모습을 볼 수 있어 예술과 일반인 사이의 벽을 허물어 편안하게 만나게 하려는 시도가 곳곳에서 느껴집니다.

그리고 이 콘서트 홀은 포르투 사람들과 음악 교육을 받는 아이들에게 열려 있어 다양한 교육 프로그램을 진행합니다. 음악뿐만이 아닙니다. 시민들의 여러 행사가 이곳에서 열리죠. 이쯤 되면 훌륭한 건축과 도시공간이 단지 아름다운 모습이나 기발한 형태만을 자랑하는 것이 아니라 새로운 프로그램을 만들고, 사람과 장소와의 관계를 만들고, 그리고 가능하다면 새로운 문화의 흐름까지도 만들 수 있다는 것을 알 수 있습니다.

카사 다 뮤지카는 많은 사람에게 사랑받고 세계 10위 안에 드는 훌륭한 수준의 콘서트 홀로 포르투 사람들의 자부심이 되었지만, 완벽해 보이는 건축물에도 사실 많은 우여곡절이 있었습니다. 우선 초반에는 주변 풍경에 전혀 녹아들지 않는 이질적인 형태로 인해 주민들의 반대가 많았습니다. 포르투는 아직도 대학생들이 해리 포터의 등장인물처럼 까만 교복에 망토를 덧쓰고 다닐 만큼 전통을 존중하는 도시인데, 이곳의 역사적인 광장 앞에 네덜란드 건축가가 기괴한 형태의 암석 덩어리를 박아놓았다는 것에 커다란 반감을 일으킨 것이지요.

둘째로는 1998년 콘서트 홀의 건축이 계획된 계기인 유럽연합의 문화수도 행사는 2001년에 열렸는데, 건물이 그 기간에 맞춰 지어지지 못했습니다. 원래 완공되어야 했던 해로부터 무려 4년이 더 지나 완성됐고, 훌륭한 건물을 짓기 위해 완성도를 높이다 보니 비용도 애초에 계획했던 3,500만 유로에서 1억 1,000만 유로로 3배가 훨씬 넘게 늘어났고요. 건물을 짓게 한 모티브가 된 행사에는 전혀 사용하지 못한 데다가, 원래 예상했던 것보다 3배나 많은 비용을 썼으니 이쯤이면 상당히 큰 대형사고가 벌어진 셈입니다.

우리의 상식선에서는 납득하기 어려울 정도로 엄청난 시간과 비용이 들었지만, 이 건물은 포르투를 넘어서 유럽과 전 세계에서도 손꼽히는 훌륭한 건물로 탄생했습니다. 지금도 세계 곳곳의 사람들이 이 건물을 둘러보고 음악을 듣기 위해 포르투를 찾아갑니다. 만약에 포르투에서 예정됐던 유럽연합의 문화수도 행사에 맞춰 콘서트 홀을 개장하려고 다른 모습으로 서둘러 지어버렸다면 이곳은 지금처럼 전 세계 사람의 사랑을 받는 공간이 될 수 있었을까요?

카사 다 뮤지카는 앞으로도 오랫동안 사람들에게 사랑받을 것입니다. 예정된 건축 기간을 훨씬 넘어선 시간 내내 건축가가 고민한 것은 사람들이 만나는 방식, 건물이 도시와 역사에 녹아드는 방식, 대중과 거리가 먼 클래식 음악이 사람들의 일상과 만나는 방식이었을 것입니다. 이렇게 만들어진 공간에서는 수많은 만남이 이뤄집니다. 누군가는 비행기를 타고 바다를 건너오고, 주변에 사는 사람들은 광장과 카페를 통해 일상 속에서 서로 만납니다. 세계 어느 박물관보다도 시간과 역사와 사람 간의 만남이 매력적으로 이뤄지는 이곳은 보석과 같은 가치를 지닙니다.

텃밭의
귀환

도시에 텃밭이 유행입니다. 얼마 전까지는 열섬현상을 완화하고 부족한 녹지를 보충하기 위해 건물 위 옥상 정원이 유행하더니, 이제는 단순히 보기 좋고 예쁘게 가꾼 정원보다는 실용적인 채소를 키우는 텃밭을 선호한다고 합니다. 오래된 동네에도, 새로 막 지어지고 있는 신도시에도 빈 땅이 보이면 사람들은 으레 작은 텃밭을 만들어 토마토나 상추, 고추 같은 채소를 키우고 있습니다. 남의 땅이라도 크게 개의치 않고 밭고랑을 파고 모종을 심고 키우는 것을 보면 텃밭에 엄청난 재미와 매력이 숨어 있는 것 같습니다.

집 근처에 채소를 키울 땅을 갖지 못하는 사람들은 주말농장에 들러 채소를 심고 가꾸기도 합니다. 그래서인지 요즘엔 주말농장 신청자가 너무 많아 추첨에서 당첨이 돼야 경작을 할 기회가 주어질 정도라고 합니다. 겨우 10제곱미터의 작은 땅이라고 해도 실제로 무언가를 심고 키워보면 어려운 일이 매우 많은데, 그래도 사람들은 매년 시행착오를 통해 땅과 작물에 대해 하나씩 배워가면서 보다 숙련된 농부로 거듭납니다.

개인이 혼자 만들고 키우는 텃밭도 유행이지만, 여러 사람이 함께 가꾸는 텃밭도 유행입니다. 아무래도 농사가 혼자 하기엔 어려운 일이다 보니 아파트 단지에도 공동텃밭이 만들어지고, 공원이나 학교에도 작은 땅에 직접 채소를 가꾸고 수확하는 재미를 찾는 곳이 늘어났습니다. 그리고 이제는 '도시 농업'이라는 보다 거창한 단어가 자주 들리게 됐습니다. 도시 농업은 아파트 베란다나 골목부터 공원이나 도시 속 빈터를 이용해 농사를 짓는 것을 가리키는데, 이제는 구청 등에서 많은 사람들이 이를 함께 할 수 있도록 정보를 주고, 체계화하기도 합니다. 그러다 보니 아예 도시 속에 도시 농업을 목적으로 하는 농장도 생겨났다고 합니다.

이렇게 조성된 텃밭이나 농장은 도시에 녹색 공간을 더해 살기 좋은 환경과 모습으로, 또 사람들 사이에 친밀한 관계가 형성되게 도와줍니다. 도시에 사는 사람들은 농업을 생업으로 하지 않기 때문에 농사에 서툴 수밖에 없고, 여러 가지 장비나 지식이 부족합니다.

도시는 만남과 시간으로 태어난다

또한 혼자 넓은 면적을 경작할 수 없기 때문에 여러 사람이 함께 모여 서로 도움을 주고받으며 밭을 가꾸다 보면 어느새 좋은 결실을 맺게 됩니다. 그러다 보면 함께 밭을 가꾸면서 커뮤니티가 싹트게 되지요.

이렇게 함께 밭을 가꾸는 것에 지역사회의 움직임이 더해지면 미국 시애틀과 같은 모습으로 발전할 수 있습니다. 시애틀에는 'P-패치P-Patch'라는 커뮤니티 가드닝이 사람들에게 매우 좋은 반응을 얻어 도시 전체에 하나의 문화처럼 퍼져 있습니다. 커뮤니티 가드닝이란 여러 사람이 함께 어울려 정원을 가꾸고 농작물을 재배하는 것인데, 네트워크화되어 공동으로 활동하는 것이 특징입니다. 시애틀 전체에 확산된 커뮤니티 가드닝은 도시 전체를 푸르게 만들고 함께 밭을 가꾸고 일구는 공동체 문화를 만들어내면서, 이를 통해 재배한 채소를 기부하고 저소득층에게 나눠주는 푸드뱅크와도 연결되어 함께 사는 사회에 기여하고 있습니다.

요즘 우리나라 임대주택단지에도 텃밭을 공동으로 가꾸고 그곳에서 자란 채소를 함께 나눠먹는다고 합니다. 그런데 사람들은 채소값을 절약하는 경제적인 효과보다 혼자 사는 이들이 공통의 관심사를 갖고, 함께 움직이고, 이야기를 나누는 것을 중요하게 여깁니다. 임대주택단지에는 독거노인이나 1인 가구의 비율이 높아 사회적으로 고립되기 쉬워서, 함께 채소를 키우고 돌보면 몸을 움직이고 이

윗사람을 만나게 되어 외롭지 않은 생활을 할 수 있습니다.

이제 세계 어느 나라나 유행처럼 텃밭을 만들어 도시 사람들이 직접 가꾸면서 유대를 돈독히 하고 지속가능한 도시 환경을 만들어가는 것이 유행하고 있습니다. 프랑스나 대만에서도 새로 짓는 공원이나 아파트 단지, 빌딩 옥상에 텃밭을 만든다고 합니다. 요즘 유행하는 공원의 모습은 각양각색의 화려한 꽃이 아름답게 심어져 있는 것이 아니라 사람이 직접 키우는 채소를 가꾸는 모습입니다. 도시 속에서는 여러 사람이 함께 만나 힘을 합쳐 활동할 무엇이 필요한데, 그러기에 가장 훌륭한 소재가 텃밭이기 때문입니다.

사실 공원 자체도 500여 년 전 궁이나 수도원에서 채소나 약초를 키우던 정원 문화에서 유래한 것이니, 텃밭은 유구한 역사를 갖고 있다고 말할 수 있습니다. 기억을 더듬어보면 우리나라도 예전에는 어느 집이나 뒤뜰에 푸성귀를 키우는 밭이 있었고, 식사를 차리기 전 그곳에 들러 그날 먹을거리를 뜯어와 밥상에 올리곤 했습니다.

텃밭에서 작물을 키워보면 무언가를 길러 수확한다는 게 생각보다 쉬운 일이 아님을 금세 알 수 있습니다. 조금만 빨리 심으면 얼어죽고, 아무리 정성을 들여도 어느 날 갑자기 병에 걸려 죽기도 하거든요. 씨를 심을지 모종을 심을지, 어떤 도구를 써야 할지 도무지 알수가 없을 때도 있습니다. 도시에서 살던 사람이 하루아침에 농부

도시는 만남과 시간으로 태어난다

| 파리의 공동주택단지에 만들어지는 텃밭은 주변 학교의 학생들과 주민들이 공동으로 가꾸며 교류
  하는 중요한 공간이다.

가 돼서 생명을 키우는 것은 다른 사람들의 도움 없이는 헤쳐나가기 매우 어려운 일입니다. 함께 머리를 맞대고 고민하고, 나보다 경험이 많은 사람들의 조언을 듣고, 농기구도 함께 나눠 쓰고, 내 밭을 살피러 나간 김에 옆집 밭까지 돌보다 보면 함께 사는 삶이 자연스러워집니다. 텃밭 문화가 도시 곳곳에 퍼져나가면 이웃과 더불어 사는 즐거움을 알아가는 사람들도 분명 많아질 것입니다.

'열려 있음'의
의미

열린 사회가 좋은 사회라는 것은 누구나 알고 있는 사실입니다. 사람들 간의 만남이 활발하게 이뤄지려면 열린 사회, 열린 공간이 필요한 법입니다. 크고 무거운 문이 닫혀 있으면 다른 공간으로 넘어가 누군가를 만나기 어렵기 때문입니다. 그렇다면 열린 공간이란 어떤 공간일까요?

열린 공간은 말 그대로 개별적인 공간의 경계가 열려 있어 누구나 원할 때 편안하게 들어갈 수 있습니다. 사람들은 서로 만나고 섞이는 공간을 좋은 공간이라고 생각하지요. 하지만 실생활에서는 예상 밖의 문제가 생겨 애초의 계획대로 활용되지 못할 때가 많습니다.

세종시에 있는 정부청사는 하늘에서 내려다보면 용 한 마리가 꿈틀거리는 것 같습니다. 단일 건물로는 세계에서 가장 길이가 길어 기네스북에 등재되었지요. 하지만 이 건축물의 디자인에서 가장 중요하게 여겼던 것은 용의 모양도, 가장 긴 건물을 만드는 것도 아니었습니다. 구불구불 연결되어 총 4킬로미터에 달하는 건물들을 서로 연결해 옥상 정원을 만들고, 이 도시에 사는 사람 누구나 하늘 속 정원과 산책로를 이용할 수 있도록 하는 것이 현상설계 당선작의 가장 중요한 계획이었습니다. 하지만 이 공간은 견학을 신청해야만 볼 수 있는, 완전히 단절된 공간이 됐습니다. 정부청사에 누군가가 무단침입해 사고가 발생할 때마다 보안이 강화되어, 이제는 신분증 외에 얼굴 인식까지 거쳐야 건물에 들어갈 수 있다 보니 일반인에게 옥상 정원으로 연결되는 길이 완전히 막혀버렸기 때문입니다. 애초의 설계대로 낮게 설치했던 울타리는 사고가 날 때마다 점점 높아지더니 이제는 사람이 넘어갈 수 없도록 높은 이중 울타리가 되었습니다. 한번 사고가 발생하면 비슷한 사고를 막기 위해 보안을 강화할 수밖에 없으니까요.

학교 운동장도 마찬가지입니다. 도시에는 항상 땅이 부족하기 때문에 합리적이고 효율적인 사용을 위해 복합적인 용도로 공간을 이용하는 방법을 찾아야 합니다. 그중 우리가 자주, 또 쉽게 마주하는 공간이 학교 운동장입니다. 우리나라 학교에는 대부분 100미터

트랙과 400미터 달리기를 위한 운동장이 있어야 해서 학교를 지으려면 최소 10,000~12,000제곱미터의 면적이 필요합니다. 그래서 학교는 도시에서 가장 넓은 면적을 사용하는 시설 중 하나이지요. 물론 밤에는 동네 주민들이 운동이나 산책을 하긴 하지만, 이제는 안전상의 문제로 사용이 어려운 경우도 많습니다. 그래서 도시계획에서는 공원과 학교를 붙여서 공원에 있는 운동장을 학생들의 체육 수업에 사용하도록 하거나 학교 운동장 아래에 지하주차장을 만들어 지역 주민들이 사용하게 하는 방법들을 고민합니다.

하지만 학생들의 안전이 우선인 교육청에서는 이를 긍정적으로 생각하지 않습니다. 만에 하나 학생들이 학교 밖에 있는 체육시설로 이동하다 발생할 수 있는 사고에 대한 걱정 때문입니다. 지하에 주차장을 만드는 것도 비슷한 문제가 있습니다. 사고가 발생하거나 시설을 유지하고 관리하기 위한 책임 주체가 명확하지 않기 때문입니다. 만약 주차장에 금이 가거나 물이 새면 그것을 고쳐야 하는 책임은 교육청에 있을까요, 구청에 있을까요? 시설 사용에 대한 세부적인 문제를 고려하면 결국 지금과 같은 형태로 이용하게 되지요. 하지만 다른 나라에는 운동장이 없는 학교도 있습니다. 프랑스에는 운동장이 없는 학교가 대부분이라 체육 수업이나 야외 활동을 하려면 주변 운동장으로 이동합니다.

우리나라 도시는 공간의 경계와 구분이 명확합니다. 아파트 단지를 봐도 임대주택과 일반분양주택의 경계가 매우 뚜렷합니다. 아이가 어느 쪽으로 가는지만 봐도 그 아이가 어디에 사는지 알 수 있어 임대주택에 사는 아이는 기가 죽을 수밖에 없습니다. 한 단지 안에 있어도 임대주택 단지는 구석에 배치하거나 평형이 작다 보니 다른 아파트 동에 비해 저소득층이 거주하는 곳임이 그대로 드러납니다. 다양한 계층의 사람들이 함께 모여 사는 '소셜믹스Social mix'가 필요하다고 입을 모아 이야기하지만, 신혼부부와 청년들을 위한 임대주택을 서울에 지으려 하자 주변 주민들이 집값이 떨어질 것을 우려해 구청에서 국토교통부를 상대로 건설 불가 소송을 걸었다고 합니다. 이런 사례들을 생각해보면 모든 사람에게 열린 공간을 만들기가 얼마나 어려운지 알 수 있습니다.

하지만 이제는 공유 경제의 시대입니다. 물건을 소유하지 않고 남과 함께 사용하는 에어비앤비, 소카, 우버 같은 서비스가 이미 우리 생활 속으로 들어와 있습니다. 도시공간도 함께 공유하면 많은 사람들이 보다 즐겁고 편안하게 살 수 있습니다. 동네 주민이 회사 앞마당에 놀러오고 아파트 단지 내 카페에 회사원들이 들르게 되면 도시공간은 점점 함께하는 환경으로 바뀌겠지요. 혼자 담을 쌓고 사는 삶은 안전할 수는 있으나 예기치 못한 즐거움이나 만남은 기대할 수 없습니다. 혼자 사는 생활이 점점 늘어날수록 만남과 나눔은 더욱 중요한 가치를 지닙니다.

4장.

무엇이 사라지지
않을까?

에펠탑과
대중목욕탕

파리에는 너무나도 유명한 에펠탑이 있습니다. 1889년 파리 만국
박람회를 기념하기 위해 만들어진 탑인데, 설계자인 구스타브 에펠
Gustave Eiffel, 1832~1923의 이름을 따왔다고 합니다. 회갈색 철골로 만
든 탑은 324미터의 높이를 자랑하며 낮게 깔린 도시 한가운데 우뚝
솟아 어디에서 보아도 이곳이 파리임을 알려줍니다. 에펠탑은 파리
를 상징하는 가장 멋진 건축물 중 하나이고 그 자체가 파리인 셈이
지요.

하지만 당시 이 탑이 지어질 때에는 도시 한복판에 거대하게 솟
아오를 탑을 반대하는 사람들이 많았습니다. 수십 명의 건축가, 예

술가 들이 모여 반대 탄원서를 발표하고 탑의 건설을 반대하는 편지를 장관에게 보냈지요. 그중에는 우리에게 잘 알려진 19세기 후반의 프랑스 소설가 기 드 모파상Guy de Maupassant, 1850~1893도 있었는데, 그는 막상 이 탑이 세워지자 매우 자주 2층에 있는 식당을 찾아 식사를 했다고 합니다. 그가 탑의 건설에 반대했던 것을 알았던 기자가 이곳에 와서 식사를 하는 이유를 묻자 그는 이렇게 대답했다고 합니다. "파리 전체에서 이곳이 유일하게 에펠탑이 보이지 않는 곳이기 때문이지요."

실제로 그는 1890년에 쓴 《방랑생활La vie errante》에서 에펠탑이 너무 지겨워 파리를 떠나고 프랑스마저 떠난다고 밝히고 있습니다. 에펠탑이 상점 진열장을 비롯해 도시 어디서나 보이기 때문에 피할 수 없는 매우 끔찍한 악몽이 되었다고 말이지요. 그러고 나서 이렇게 보기 흉하고 비쩍 마른 쇳덩어리 피라미드 탑을 해체하고 대리석으로 된 새로운 상징물을 만들자고 주장합니다.

하지만 에펠탑을 우려했던 많은 사람들의 태도는 에펠탑이 세워지자 매우 호의적으로 변했습니다. 만국박람회 기간 동안 관람객이 200만 명이나 들러 건설비를 직접 조달한 에펠은 높은 수익을 얻었다고 합니다. 처음에는 20년간 사용하고 해체할 예정이었지만, 이후 군사적 목적이나 방송처럼 다양한 용도로 사용하기 위해 탑을 유지하기로 결정해서 오늘날 우리도 에펠탑을 볼 수 있는 것이지요. 그리고 오늘날 에펠탑은 프랑스 전체에서 가장 많은 방문객이 들리는 장소 중 하나가 됐고, 130년 역사를 넘어선 지금까지도 계속 도시 전체를 상징하게 됐습니다.

반면에 1973년에 야심차게 문을 연 몽파르나스 타워Tour Montparnasse는 파리 남서쪽에 위치하는 높이 약 210미터의 58층짜리 현대적인 건물인데, 이 건물은 파리의 흉물로 여겨져 벌써 10년 넘게 철거를 논의하고 있습니다. 하지만 건물의 규모가 너무 크고 수많은 사람과 기관이 그 안에 터를 잡고 있어 무작정 철거할 수 없어서 도시의 골칫거리가 됐지요. 애초에 한시적인 구조물로 만들어진 에펠탑은 모든 사람이 찾아가는 도시의 상징물이 되어 천재지변이 일어나지 않는 한 다음 세기까지도 그 자리를 지키고 있겠지만, 야심차게 계획한 초현대적 건축물은 오히려 철거를 하지 못해 골머리를 썩고 있다니……. 아이러니하기도 하고, 건축가나 도시계획가에게는 풀기 어려운 문제입니다.

그럼 100년 후에는 우리 도시에 어떤 것이 남아 있을까요? 물론 경복궁, 창덕궁처럼 한 도시와 국가의 건립에 기초가 된 장소와 남대문, 동대문, 한양성곽처럼 오랜 역사가 깃들어 있는 곳은 항상 남아 있어야 할 장소입니다. 하지만 그 외의 것들은 사람들이 오랫동안 도시에 남겨두고 싶어 할까요?

한동안 아시아에서는 세계 최고, 세계 최대 같은 형용사가 붙는 건축이 유행했지만, 지금은 그 유행도 지나갔습니다. 그렇다면 아름답고 예쁜 것을 남겨야 할까요? 도시와 전혀 조화를 이루지 못하고 보기 흉하다고 논의되는 몽파르나스 타워는 유럽 최고의 높은 마천루라며 프랑스가 자랑하던 건물이고, 지금은 허물어진 청계 고가도로도 한때는 우리나라가 드디어 경제성장을 이뤘다는 자부심의 상징이었습니다. 앞다퉈 올라가던 수많은 고층빌딩이나 대형 건물은 수십 년이 지나 유행이 지나고 설비, 용도에 대한 수명이 다하면 철거 비용을 고민해야 합니다.

서울을 놓고 보면 세운상가처럼 안전성에 문제가 있는 구조물이나 건물은 보존의 논리를 적용하지 않습니다. 하지만 외국에서는 구조나 사용을 위한 기능 문제가 있더라도 보존이 필요하다고 생각되면 내부 바닥이나 벽을 철거하고 구조를 보강하면서, 적어도 건물 앞면은 보존해 외부에서 보이는 과거의 모습만은 그대로 유지하는 경우가 많습니다. 반드시 문화재로 가치가 높은 역사적 건축물이 아니라도 오랜 시간을 담고 있는 건축물을 부수고 새로 짓는 것보다 보강을 해서 사용하는 게 비용이 훨씬 많이 들더라도 도시의 역사를 간직하고 친밀한 환경을 만들 수 있다고 생각하기 때문입니다.

이미 10여 년이 지난 일이지만 서울시청을 봐도 그렇습니다. 신청사를 짓는 과정에서 뭐가 그리 급했는지 문화재청에서 철거를 중단하라는 요청을 하고 건물 전체를 보존하라는 공고를 내렸지만, 서울시는 일방적으로 일제강점기 때 세워진 건물의 철거 공사를 시작했습니다. 이에 놀란 문화재청은 다급하게 시청 전체를 사적으로 가지정했고, 덕분에 공사는 시작한 지 6시간 만에 중단됐지요. 하지만 이미 부서진 건물은 다시 복구할 수 없습니다. 누군가는 일제강점기에 일본인들이 지은 시청 건물이 미적으로나 위치적으로 보존 가치가 없다고 주장하고, 누군가는 부끄러운 역사도 우리의 일부이니 이를 오히려 교훈으로 삼도록 보전하면서 활용하는 것이 더 중요하다고 반박했습니다.

결론이 어느 쪽으로 나더라도 성급한 철거 이전에 충분한 논의 과정이 있었더라면 지금과 같은 반쪽짜리 어정쩡한 동거는 탄생하지 않았을 것입니다. 100년 전 건물과 새로 지어진 신청사는 적극적으로 교류하기 위해 달라붙지도 않고, 서로 독립성을 지닐 정도로 떨어지지지도 않은 상태로 서로 엇갈리게 겹쳐져 있어 도시의 중심인 서울 광장에서 시청 쪽을 바라볼 때는 두 건물이 서로의 존재를 외면하고 있는 것 같아 한눈에도 불편하고 답답한 풍경이 연출되고 있습니다.

비슷한 시기에 철거가 진행되어 지금은 동대문 디자인 플라자로 새로 변신한 옛 동대문운동장도 마찬가지입니다. 세계적인 스타 건축가를 모셔와 서울을 새롭게 디자인하고 경쟁력을 높이겠다며 보존의 필요성에 대한 목소리를 무시하고 일사천리로 운동장을 이

도시는 만남과 시간으로 태어난다

전하고 철거를 진행했지요. 공사 과정에서 일제강점기에 훼손되었던 한양성곽 유적이 드러났지만, 이 또한 다시 흙 속에 묻어버렸습니다.

그렇다고 오래된 건물을 모두 보존해야 한다는 뜻은 아닙니다. 하지만 옛 건물을 헐어버리고 새 건물을 짓는다고 그전보다 좋은 장소가 된다는 보장을 하기도 어렵습니다. 일단 부수고 나면 다시 되돌릴 수 없다는 것은 누구나 아는 사실입니다. 없앨 것에 대해서는 향후에 따라올 결과를 깊이 생각한 후 선택할 수 있도록, 충분한 검토와 합의가 필요합니다. 만일 서울 시민 전체가 투표를 해서 함께 결정했으면 옛 서울시청사와 동대문운동장은 예전 그대로의 모습을 그대로 유지했을까요, 아니면 사라지고 지금과 같은 모습으로 태어나게 됐을까요?

도시는 커다란 모뉴먼트(기념을 위해 만든 거대한 시설, 또는 상징물)만으로 이뤄지지 않습니다. 기념비적이고 천문학적 비용을 사용한 건물들이 도시의 중요한 포인트를 장식하겠지만, 그 외에 작고 다양한 공간들도 모여야 비로소 도시가 됩니다. 어떤 사진가는 우리나라 목욕탕을 전문적으로 찍어 작품 활동을 했습니다. 지금은 많이 없어졌지만 예전에는 동네마다 대중목욕탕이 있어서, 제가 어릴 적에는 부모님과 함께 다녔었지요. 아직도 남아 있는 몇몇 목욕탕과 그곳을 아직도 잊지 않고 찾는 사람들이 있습니다.

목욕탕은 동네에서 어두운 새벽에 가장 일찍 문을 여는 부지런한 곳입니다. 굴뚝이 높게 솟아 있어 하얀 연기가 이른 아침부터 모락모락 뿜어져 나오지요. 욕탕에는 작은 모자이크 타일이 촘촘하게 붙어 있고, 굴뚝에는 온천 마크가 그려져 있거나 가게 이름이 쓰여 있기도 했습니다. 지금은 사람들이 찜질방이나 사우나를 즐겨 찾지만, 목욕탕은 20~30년 전까지 우리가 살던 문화의 한 시절을 대표하는 트레이드 마크입니다.

동네 빵집 역시 동네스러움을 담고 있는 좋은 장소입니다. 지금처럼 프랜차이즈 빵집이 퍼져나가기 전에는 '○○당', '○○제과'라는 이름이 붙은 빵집들이 제각기 다른 맛을 자랑했습니다. 가족의 생일을 맞아 장미꽃 모양 장식이 얹어진 케이크를 사갔고, 평소에는 정작 유럽에선 맛보기 어려운 밤식빵, 단팥빵, 소보루빵 같은 우리나라식 빵을 사러 버스 정거장 앞의 빵집에 들렀습니다.

동네 빵집이나 목욕탕처럼 기억 속에 남기고 싶은 공간이 어느 날 갑자기 임대료를 감당하지 못해 떠나거나 사라지게 되면 그곳을 즐겨찾던 사람들의 마음은 허전할 따름입니다.

동대문운동장을 이전하는 것에 대해 주변 상인이나 시민들이 소리 높여 반대했던 것처럼 주변을 차분히 둘러보면 사라지지 않고 함께 있기를 바라는 공간이 있습니다. 모파상이 자기 눈에 흉측하게 비친 에펠탑을 피하기 위해 파리와 프랑스를 떠난 것처럼, 자신이 살던 공간이 낯설어지면 사람들은 그곳에 더 이상 미련을 두지 않고 떠나기 쉽습니다. 사라지지 않는 공간과 이야깃거리가 많은 도시가 반드시 아름답다고는 할 수 없겠지만, 그런 도시는 사람들이 애착을 갖고 오랫동안 머물고 싶게 하는 힘을 지닙니다.

건축은 명품 가방과
다르기 때문에

대체로 사람들에게는 자신이 지닌 것을 자랑하고 싶어 하는 마음이 있습니다. 지식이나 외모, 혹은 희귀하거나 비싼 물건을 친구나 주변 사람들에게 뽐내고 싶어 하지요. 타인에게 인정받고 싶기도 하고 동시에 남들이 갖지 못한 것을 지니면 우월해 보인다고 생각하기 때문입니다. 어떤 때는 자신이 갖지 못한 것을 가진 사람을 몹시 부러워합니다. 그리고 비싼 비용이나 노력을 지불하고서라도 같은 물건을 갖고 싶어 합니다. 그 물건을 갖게 되면 자신도 그 물건을 가진 사람과 동등한 위치에 있는 것 같고, 남들의 선망 어린 시선을 받을 수 있다고 느끼니까요.

도시는 만남과 시간으로 태어난다

그래서 어느 순간부터 메고 있는 가방이나 시계, 입고 있는 옷이 자신의 품위와 수준, 그리고 사회적 지위를 나타낸다고 생각하는 사람들이 많아졌습니다. 장인이 오랜 시간 공을 들여 만드는 제품은 대량생산을 할 수 없어 매우 비쌉니다. 때문에 이 물건을 지닌 사람은 매우 부유한 동시에 사회 상류층인 경우가 많았지요. 이렇게 생산된 물건이 명품이라 불리자, 반대로 명품을 지니게 되면 상류층이 되고 부유한 사람으로 비춰진다고 느끼는 사람이 많아졌습니다.

언젠가부터 건축과 명품 가방이 비슷해지고 있습니다. 몇 년 만에 모이는 모임에 나갈 때 명품 가방 정도는 들어줘야 체면이 선다고 생각하는 것처럼, 품격 있는 도시라면 세계적인 스타 건축가의 건축물을 어느 정도는 갖춰야 한다는 생각이 자리잡았습니다. 세계적으로 명성이 높은 건축가들의 건물이 많을수록 그 도시의 수준이 높아지고, 그곳에 사는 사람들의 문화적 소양도 높아질 것이라는 생각이 퍼진 것이지요. 그래서 세계의 여러 도시들은 비싼 비용을 주고 유명 건축가들에게 건축 디자인을 요청했습니다.

급속하게 경제 성장을 이룬 나라에서 이와 같은 특징이 잘 드러나는데, 세계적인 건축 잡지에서 접하던 유럽과 미국의 유명 건축가들의 건축물이 언젠가부터 베이징이나 두바이, 그리고 서울에 서로 경쟁하듯 세워지기 시작했습니다. 이를 가장 단적으로 잘 나타내는 것은 아랍에미리트의 수도인 아부다비의 박물관 단지입니다. 아랍

에미리트는 페르시아만에 위치한 나라로, 21세기에 들어 오일 머니와 국제 무역을 통해 매우 부유해진 나라입니다. 과거에는 진주잡이가 주요 산업이었지만, 나라가 빠른 속도로 부유해지자 자신들의 문화를 널리 알리기 위해 전 세계 어느 곳에도 존재하지 않는 문화특구 프로젝트를 계획했습니다.

아부다비에 사디아트 문화특구를 만들어 이곳에 세계적으로 가장 유명한 박물관들을 재현해, 파리의 루브르 박물관, 뉴욕의 구겐하임 미술관을 짓고 그 안에 자신의 문화를 담아내기로 말이지요. 그리고 세계에서 가장 유명한 건축가들을 모아 건물 디자인을 맡겼습니다. 장 누벨의 루브르 박물관, 프랭크 게리의 구겐하임 미술관, 노만 포스터의 자이드 뮤지엄, 자하 하디드의 퍼포먼스 아트센터, 안도 다다오의 해양박물관까지 현대 건축사에서 가장 훌륭한 건축가들과 그들의 가장 기념비적인 작품이 아부다비에 모였습니다. 루브르 박물관은 이미 2017년에 개장을 했고, 다른 박물관들은 2020년 정도에 개장할 예정이라고 하니, 모든 건축물이 완공되면 건축문화에 관심 있는 사람들은 유럽으로 여행 갈 것이 아니라 아부다비를 찾아야 할 판입니다. 명품 가방을 파리에서만 살 수 있는 게 아니라 전 세계 어느 도시에서도 살 수 있는 것처럼, 아부다비에서 세계 최고의 건축 문화를 패키지로 만날 수 있게 된 것이죠.

이처럼 스타 건축가를 통한 도시의 품격 향상 프로젝트는 우리

도시는 만남과 시간으로 태어난다

나라에서도 진행됐습니다. 서울을 디자인하겠다는 슬로건을 내세우며, 세계적인 문화도시로 만들겠다는 주장이 2000년대 초반부터 슬슬 고개를 들었습니다. 세계적인 건축가들의 작품이 여러 도시에 차례차례 등장했고, 대기업들도 유명 건축가를 데려와 사옥을 설계했습니다. 그리고 그즈음 건축가들이 제안한 작품을 심사를 거쳐 뽑는 현상설계에도 새로운 방법이 등장했습니다.

건축물을 지을 때는 보통 좋은 아이디어를 얻기 위해 현상설계를 진행해 당선작을 선정하고, 그 건축가에게 건물 설계를 맡깁니다. 그런데 해외 유명 건축가의 디자인을 적용하기 위해 '국제 현상 지명설계'라는 것이 등장했습니다. 해외 건축가들만 설계경기에 초청해 당선작을 뽑는 방식이라 설계경기에 참여하고 싶은 한국 건축가들은 어쩔 수 없이 외국 건축가와 함께하는 수밖에 없었습니다. 물론 이 경우 팀의 대표는 외국 건축가가 되어야 합니다. 특정한 건축가만을 초청하는 지명 현상설계가 아닌데도 외국 건축가만으로 참가자격을 제한하면서 마치 외국 사람에게 설계를 맡기면 새롭고 창의적인 건축물이 탄생할 것이란 환상에 빠졌던 것이지요.

그렇게 20년쯤 훌쩍 흐르다 보니 우리나라에도 세계 유명 건축가들의 작품이 모두 모이게 됐습니다. 렘 콜하스와 자하 하디드, 장 누벨, 마리오 보타의 작품도 한국에 생겼습니다. 도미니크 페로, 안도 다다오, 알바로 시자, 데이비드 치퍼필드의 작품도 예전에는 외국 건축 잡지를 통해서만 만날 수 있었지만, 이제는 작은 한국과 그보다 더 좁은 서울에 모여 있습니다.

물론 그들이 디자인한 건축물 중에는 높은 안목으로 주변 공간을 매력적으로 변화시킨 경우도 많고, 워낙 이름 높은 건축가이다 보니 그 자체로 화제를 끌어모으기도 합니다. 하지만 세운상가 정비 사업을 예로 들면 의구심이 드는 건 어쩔 수 없습니다. 세운상가는 종묘에 면해 있는 우리나라 최초의 공중가로인 데다 모더니즘 도시계획을 실현시켰다는 평가를 받는 공간입니다. 이렇게 의미 깊은 정비 사업에 어째서 외국 건축가만 현상설계 경기에 참여하게 했는지 궁금해집니다. 어쩌면 이것도 일종의 문화사대주의 아닐까요? 한국의 도시를 가장 잘 이해하는 한국 건축가를 배제하고, 두세 달 정도 짧게 준비한 외국의 유명 건축가들만 참여해 명품을 만들라는 취지가 과연 우리 도시에 어울릴까요?

1,000만 원이 넘는 명품 가방을 든다고 해서 화보 속의 스타처럼 세상 모든 사람의 주목을 받는 일은 생기지 않습니다. 돈이 많아 비싼 디자이너의 옷을 입으면 저절로 교양이 쌓일까요? 물론 문화적 자부심이 높기로 유명한 파리 한복판 루브르궁의 정중앙에도 미국계 중국인 건축가가 설계한 유리 피라미드가 있으니, 자국 건축가의 작품만을 고집하는 것은 시대에 뒤떨어진 국수주의적 태도입니다. 하지만 건축물은 명품 가방이 아니라서 완제품을 달랑 가져

도시는 만남과 시간으로 태어난다

올 수 없습니다. 그 나라의 역사와 공간에 대한 이해가 절대적으로 필요하지요.

만약 유명한 해외 건축가가 만든 작품이 그들의 명성만큼 높은 만족감을 주지 못한다면 그것은 그들 디자인을 그대로 구현해내지 못한 건축 예산이나 기술의 한계 때문이 아닐 것입니다. 그들의 작품이 우리 도시의 환경과 역사, 사회를 깊이 담아내지 못했기 때문에 공감을 얻지 못했을 가능성이 더 큽니다. 도시에 대한 깊은 이해와 고민이 동반되지 않은 상태에서 만든 작품을 사람들이 아끼고 즐겨 찾을 가능성은 크지 않습니다. 아마 아부다비의 루브르 박물관이 파리의 루브르 박물관보다 더 높은 명성을 얻을 확률과 크게 다르지 않을 것입니다.

옛 동네에 상자를
쌓아놓으면

우리나라는 유행에 매우 민감합니다. 패션도 그렇고 문화도 그렇지요. 어떤 옷이나 화장이 유행하면 지나가는 사람의 반쯤은 비슷한 스타일을 하고 있습니다. 이런 현상은 도시공간에서도 마찬가지입니다. 갑자기 어느 동네나 길이 미디어에서 주목을 받거나 입소문이 나면 그 동네로 모든 사람이 몰리고 발 디딜 틈 없을 정도로 북적거리기 일쑤입니다. 하지만 또 얼마 지나면 새로운 장소가 유명해져 많은 상점과 사람들이 몰려들고, 이전에 인기 있던 장소는 다시 사람들의 발길이 뜸해집니다. 우리나라 사람의 빠르고 바쁜 생활 리듬이 도시에도 그대로 반영되는 셈입니다.

요즘 서울에서 젊은이들이 많이 찾는 곳 중에 '커먼 그라운드'가 있습니다. 얼마 전까지만 해도 홍대앞, 가로수길 같은 곳들이 유행의 중심지였고, 서촌처럼 과거의 향수를 자극하는 곳도 인기가 높았지만, 그와는 다른 맥락의 장소가 젊은이들 사이에 유명세를 타고 있습니다. 커먼 그라운드는 건대 앞 자양동에 자리하고 있는데, 자양동은 서울 도시계획에서 공장이 많아 공업지역으로 지정된 성수동 바로 옆에 있습니다. 어떻게 공업지역에 멋쟁이들이 모여들게 됐을까요?

지금 커먼 그라운드가 들어선 곳은 원래 택시 회사의 차고지였다고 합니다. 건물이 들어서지 않은 빈 땅으로 오랫동안 있다가 한 기업에서 8년 동안 이 땅을 빌려 한시적으로 상업과 문화시설을 만들어보자는 아이디어를 냈습니다. 그리고 잠시 빌려 쓰는 땅이다 보니 건축비를 줄이기 위해 가설건축물로 주로 쓰이는 컨테이너 박스 200개를 건물 모양으로 쌓아놓았고, 내부를 연결해 젊은 취향의 쇼핑시설과 음식점이 자리잡을 수 있도록 했습니다. 젊은이들이 자유로운 분위기와 창의적인 감각을 마음껏 발휘할 수 있는 터를 마련한 것이지요.

기존에 보지 못했던 파란색 컨테이너가 쌓이자 가설건축물이 주는 가벼움과 산업적인 느낌이 사람들에게 크게 어필했습니다. 그리고 서민들이 거주하는 지역의 특색을 감안해 청년 창업자들이 이곳에 자리잡을 수 있도록 보증금과 월세를 낮추자 이곳은 인근의 젊은이들이 자신의 색깔을 마음껏 드러내며 기존의 상업시설과는 다른 독특한 매력을 풍기게 되었고, 금세 입소문을 타고 멀리 퍼져갔습니다.

커먼 그라운드는 자양동이라는 장소의 독특함과 잠재력에 딱 어울리는 장소입니다. 이곳이 들어설 때만 해도 강북인 건대 앞은 인근에 서울숲이 있긴 하지만 성수동 공장지대의 영향으로 서민들이 많이 거주해 서울의 오래된 동네 모습을 지녀 공장 지역과 대학가 사이의 주거지, 그리고 먹자골목이 혼재된 동네였습니다. 하지만 서민적 성격과 공업적인 모습이 만나는 장소에 만들어진 자유로움은 사람들에게 커다란 신선함으로 다가가 누구나 앞다퉈 찾아가고 싶은 공간으로 바뀌었습니다.

파리에도 이와 같이 옛날 장소를 이용한 핫 플레이스가 있습니다. 파리 센느강 남동쪽에 있는 오스테를리츠라는 기차역인데, 이곳의 바로 옆에는 '스테이션 F^Station F'라는 이름의 유럽에서 가장 큰 스타트업의 요람이 있습니다. 이곳에 무려 1,000여 개의 스타트업이 모여 있는데, 마이크로 소프트나 루이뷔통이 속해 있는 LVMH 같은 세계적인 유명 기업도 있고, 이와 함께 지금 막 대학에서 졸업했거나 아직도 학생인 매우 젊고 의욕에 찬 사람들이 모여 아이디어를 공유하고 새로운 내일을 만드는 모습을 볼 수 있습니다.

도시는 만남과 시간으로 태어난다

| 파리의 스테이션 F는 노후한 20세기 초 철도 시설을 재활용해서 젊은 창업자들과 스타트업 기업의 요람으로 만들어진 곳이다. 이 시설 덕분에 주변 지역은 활기를 띠게 됐고, 새로운 유행을 선도하는 지역으로 떠올랐다.

스테이션 F는 문자 그대로 역이었던 곳입니다. 파리에 있는 5개의 기차역 가운데 센느강 아래의 오스테를리츠역에선 파리의 동쪽으로 철도가 뻗어나갑니다. 이곳에는 1927년에 만들어져 2006년까지 철도 화물보관소로 사용되던 알 프레시네Halle Freyssinet(프레시네는 건물을 지은 엔지니어의 이름)라는 건축물이 있었는데, 100여 년 가까운 시간이 흘러 건물이 노후되자 사람들은 이 건물을 어떻게 활용할지에 대해 논의하기 시작했습니다. 건축적인 가치가 높고 내부의 넓은 공간도 활용성 높다고 판단한 파리시는 이 건물을 매입하고 보존

| 스테이션 F의 내부는 커다란 역사시설 내에 박스를 쌓아놓은 단순한 구성이다. 넓은 공간에 빈 상자를 모아놓고 24시간 아이디어를 현실화할 수 있는 환경이 만들어지자, 이곳은 도시에서 가장 활력 넘치는 공간으로 탈바꿈했다.

하면서 활용하는 방법을 고민하게 됩니다.

건축물을 보존하기로 방향을 정한 후 기존 건물을 리모델링하면서 340미터에 달하는 긴 공간적 특징을 이용해 내부에 컨테이너 박스를 설치하고 각 박스마다 창업을 꿈꾸는 젊은 청년 기업들에게 임대했습니다. 이제 이곳에는 약 3,000개의 스테이션이 있고, 24시간 불이 꺼지지 않습니다. 24시간 편의점이 곳곳에 있는 우리나라에서야 24시간이 열려 있다는 것은 특별하다는 느낌이 아니지만, 밤 8시만 되면 많은 가게가 문을 닫아버리는 파리에서 24시간 불이 꺼지

도시는 만남과 시간으로 태어난다

지 않고 이용할 수 있는 시설은 매우 획기적인 사건입니다.

스테이션 F는 새로운 기업의 인큐베이터 역할을 하고, 젊은 사람들이 공동으로 일할 수 있는 공간을 제공하면서 오래된 파리를 역동적으로 만들 것으로 큰 기대를 모으고 있습니다. 이곳에서 일하는 사람들을 위해 들어선 레스토랑이나 편의시설도 매우 자유로운 형태로 새로운 생활방식의 중심지가 되어, 벌써부터 많은 사람들이 찾는 인기 장소가 되고 있습니다.

서울과 파리 같은 대도시에서 빈 땅을 찾기란 쉽지 않습니다. 하지만 변화하는 생활을 담기 위해 새로운 공간은 늘 필요합니다. 그러면 기존의 건물을 부수고 건물을 새로 지을 것인지, 아니면 오래된 건물을 고쳐서 사용할 것인지 두 가지 방법 중에 선택을 해야 합니다. 커먼 그라운드와 스테이션 F는 사람들이 오래전부터 사용하던 장소에 창의적인 방식으로 새로운 활기를 불어넣어 사람들을 다시 불러모은 사례입니다.

오래된 도시 속 빈 땅을 빌려 컨테이너 박스를 쌓아놓으니 사람들이 저절로 모여들고 노후해가던 공업지역이 다시 새롭게 살아났습니다. 커먼 그라운드는 사람들이 강남의 고급 상점으로 가득찬 거리에만 매력을 느끼는 것이 아니라는 것을 증명했습니다. 익숙한 거리, 어디에서나 볼 수 있는 평범한 동네에 새로운 모일거리가 생기면 사람들은 더욱 큰 친근감을 느끼기 마련입니다. 대중의 인기를 얻은 팝아트처럼 문화는 고급품에만 있는 것이 아닙니다. 사람들이 유명하고 훌륭한 건축가가 디자인한 공간만 좋아하는 게 아니라는 사실을 커먼 그라운드를 통해 다시 한 번 되새깁니다.

다시 강북을
찾는 이유

누군가 제게 작년에 한국에서 발견한 가장 인상적인 곳을 꼽으라면 주저 없이 익선동을 꼽을 것입니다. 혜화동에서 오래 살았고 안국동에서도 몇 년 일했기 때문에 종로 주변을 구석구석 잘 안다고 생각했는데, 익선동은 작년까지 별로 발걸음이 닿지 않는 곳이었습니다. 그런데 우연히 인사동 호텔에서 내려다보니 한옥이 옹기종기 모여 있는 모습이 흥미로워 골목 안으로 들어갔다가 매우 크게 놀랐지요. 북촌 한옥마을이나 서촌, 인사동에는 자주 다녔었지만, 바로 한걸음 건너편에 작은 한옥들이 이렇게 잘 보존되어 있는 동네가 있을 거라고는 생각을 못했기 때문입니다.

2000년대에 들어 우리 도시에는 큰 변화가 일어났습니다. 서울 강남에서는 금융위기의 충격이 다 가시기도 전인 1999년에 타워 팰리스라는 초호화 주상복합이 지어지기 시작했습니다. 2002년 가을에 입주가 시작되어 기존의 아파트 문화와 또 다른 주거문화가 만들어졌지만, 한편으로 강북에서는 우리 옛 전통문화에 가치를 두는 사람들이 갑작스레 늘어나면서 북촌 한옥마을이 큰 인기를 끌기 시작했습니다. 그리고 치솟을 대로 치솟은 한옥마을의 인기가 진정되자 다음으로는 경복궁 서쪽에 있는 서촌이 인기를 끌기 시작했습니다.

한옥마을로 처음 주목을 받은 북촌 한옥마을은 조선시대 양반들이 살던 동네입니다. 기품 있는 큰 기와집과 보존 상태가 좋은 대갓집 한옥들이 자리하고 있지요. 한옥 600여 채가 모여 있는 서촌은 중인이나 예술가들이 살던 동네로 훨씬 작은 규모이고, 20세기 초반에 지어진 개량 한옥들이 밀집해 있습니다. 그리고 작은 한옥 사이로 군데군데 현대화된 다세대 건물, 시장, 먹자골목, 서점, 카페 등이 함께 어우러져 삶이 이뤄지는 동네의 한복판에 들어와 있는 느낌을 줍니다.

하지만 익선동은 서촌과는 또 다릅니다. 서촌보다 더 작은 규모의 한옥들이 훨씬 더 좁은 골목을 두고 다닥다닥 붙어 있습니다. 절대로 떨어지지 못하게 접착제로 붙여놓은 듯 한옥들이 군집한 모습은 우리나라 어디에서도 발견하기 힘들 것입니다. 좁은 골목 사이

도시는 만남과 시간으로 태어난다

| 익선동 한옥마을은 경제발전을 이루는 동안 사라진 옛 시절과 익숙했던 공간에 대한 그리움을 채워주는 공간이다.

로 눈썹을 스칠 듯 낮은 처마들이 쪼로록 마주하고 있는 길을 걷고 있으면 이런 곳이 아직 서울 한가운데 남아 있다는 것 자체가 신기할 따름입니다. 작은 규모의 한옥이지만 서로 비슷한 모습인 까닭은 1920년대 우리나라 최초의 부동산 개발 사업인에 의해 주택단지로 만들어졌기 때문입니다. 애초에 하나의 단지로 만들어지다 보니 짜임새 있는 구조가 전체적인 조화를 이루고, 1990년대 중반 재개발 붐이 불던 시절 재개발지구로 지정되면서 약 20여 년 동안 개보수가 되지 않은 상태로 시간이 흘러 오늘날과 같은 모습을 남기게 되었습니다. 자의 반 타의 반으로 지금과 같은 모습을 간직하게 됐지

만 재개발지구 지정이 해제될 즈음에는 이미 이 동네를 사랑하는 사람들이 주축이 되어 현대화된 건물이 들어서는 것을 반대해 이 동네만의 독자적인 분위기를 지켜냈습니다.

이곳에서는 낡지 않은 것과 커다랗고 번듯한 것은 들어설 자리가 없다고 누군가 말해주는 것 같습니다. 크고 화려하고 세련되고 현대적인 것에 맞서는 작고 오래된 것들의 묵직한 존재감은 이곳에서 되려 당당함으로 느껴집니다. 그래서인지 익선동에 가면 부메랑처럼 옛날 문화가 최신 문화가 되어 다시 돌아와 있습니다. 구멍가게, 만화가게, 옷가게, 다방이 있고, 태국 음식점도 스테이크집도 한옥 공간에 맞춰 그 안에 들어와 있습니다.

바로 근처에 있는 고궁에 가면 우리나라 한복에 몸을 맞춘 서양인들이 즐겁게 돌아다닙니다. 어릴 때부터 영어를 열심히 배웠지만 영미권 사람들 앞에서는 왠지 주눅이 들고, 이왕이면 늘씬한 키와 작은 얼굴에 커다란 눈과 오똑한 코를 부러워한 이유는 서양 문화를 기준으로 생각하기 때문입니다. 하지만 익선동에 오면 그동안 우리가 익숙하게 살았던 것과는 다른 세계가 있습니다. 프랑스인 셰프도 한글 간판이 달린 한옥에서 한국어로 손님을 맞고 메뉴를 물어보고 음식을 만들어줍니다. 그동안 항상 서양의 문화를 받아들이고, 맞추려고 노력했던 우리나라 사람들에게 굳이 그러지 않고 당당해도 좋다고 말해주는 기분입니다.

도시는 만남과 시간으로 태어난다

| 1920년대 조성된 소규모 한옥이 집단으로 보존되어 있는 익선동은 약 100년 전 지어진 한옥들이 도심 한가운데 잘 남아 있어 이곳을 찾은 사람들을 깜짝 놀라게 한다. 좁은 골목과 낮은 처마, 기와지붕으로 만들어진 도시형 한옥이 잘 남아 있는 것은 주민들의 애정과 노력 덕분이다.

　　짧은 시간에 압축적인 경제성장을 이룬 우리나라 도시에는 어른들의 입에 오르내리는 몇 가지 신화가 있습니다. 바로 '아파트 불패', '강남 불패'입니다. 아파트는 절대로 가격이 떨어지지 않아 아파트를 사두면 경제적으로 이익을 볼 수 있고, 특히 그중에도 강남에 위치한 아파트는 값이 매우 높이 올라 이곳에 아파트를 사면 큰

돈을 벌 수 있다는 뜻인데, 매우 단순한 이 이야기는 얼마 전까지 우리나라 도시 모습에 큰 영향을 미쳐 서울 외곽에 아파트로 가득 차게 지어진 분당을 두고는 '천당 아래 분당'이라는 표현까지 쓰일 정도입니다. 아파트만으로 만들어진 도시, 분당이 지어지자 강남에 살던 중산층들은 서둘러 그곳으로 이주했고, 분당처럼 아파트로 채워진 신도시는 한국의 많은 사람들이 살기 원하는 주거환경이 되어버렸습니다. 아파트가 많은 한강의 남쪽은 중산층과 고급스러움, 현대 도시를 상징하고, 강북은 불편함, 좁고 막히는 길, 서민을 대표한다는 이분법이 자리잡았기 때문이지요.

그런데 어느 순간부터 공고하던 강남 선호 사상이 흔들리고, 1970년 이후 일방향으로 진행되던 강남바라기 취향이 반대 바람을 타기 시작했습니다. 멋쟁이들이 모이는 거리가 압구정동 로데오 거리에서 삼청동길, 경리단길처럼 우리나라 강북에 자연스럽게 형성된 구불구불한 길로 바뀌었습니다. 북촌, 서촌을 거쳐 익선동으로 번져간 인기는 오랜 시간이 지나면 도시에 무엇이 남을까에 대한 답을 알려줍니다. 유행이 지나도 사람들이 두고두고 아끼고 가꾸고 싶어 하는 곳이 바로 그 답입니다.

재개발의 바람이 지나간 후 익선동에도 주변의 다른 곳처럼 현대적인 건물이 들어올 수 있는 시기가 있었습니다. 하지만 그 동네에서 수십 년을 함께 살아온 사람들은 가벼운 마음으로 집과 건물

도시는 만남과 시간으로 태어난다

을 팔고 동네를 나가거나 현대적으로 그 쓰임새나 모습을 변경해버리는 눈앞의 이익을 쫓지 않았습니다. 지금은 수많은 상점이 있지만 주민 간의 규약이 있어 이를 통해 마을의 모습을 유지하고 있다고 합니다. 이곳에서는 늦은 시간에 들리는 소리와 불빛에도 주의를 기울입니다. 동네 고유의 고즈넉한 분위기를 유지하기 위해 자신의 편리함만을 찾지 않고 모두가 힘을 모아야 함을 알기 때문입니다. 오래된 동네의 모습도, 함께 동네를 보호하기 위해 머리를 맞대고 의논하는 모습도 앞으로의 도시에 가장 필요한 모습이겠지요.

독야청청과
독불장군

한때 도시에 모뉴먼트를 만드는 것이 유행하던 시절이 있었습니다. 필요한 기능을 충족시키는 건물을 빨리 짓는 데 몰두하다 보니 개성 없고 서로 엇비슷한 건물들이 한동안 우후죽순 들어섰고, 그 결과 도시공간은 여기가 저기 같고, 저기가 여기 같아지면서 내가 있는 곳이 어딘지 알아차리기 어렵게 변했습니다. 이렇게 우리나라에서 도시에 필요한 기능을 갖추는 데 치중하던 시기는 1960~70년대에 해당하는데, 이 시기가 지나자 사람들은 도시가 다시 미적인 모습을 되찾고 시각적으로 개성이 느껴지도록 만드는 것이 중요하다고 생각하게 됐습니다.

도시는 만남과 시간으로 태어난다

그러자 이번에는 '랜드마크'라는 단어가 유행하면서 뭔가 높게 치솟아 눈에 띄는 것이 있어야 매력적인 도시가 된다고 생각하기 시작했습니다. 케빈 린치Kevin Lynch, 1918~1984는 1960년에 출간한 《도시의 이미지The Image of the City》라는 책에서 도시공간을 구성하는 다섯 가지 시각요소 중 하나로 랜드마크를 언급했습니다. 린치는 그의 책에서 서로 다른 특징을 지니는 보스턴, 뉴저지, LA의 세 도시를 분석한 후 사람들이 도시공간을 인식하는 요소는 통로(또는 도로)Paths, 경계Edges, 지역Districts, 결절점Nodes 그리고 랜드마크Landmarks라고 주장했습니다.

그가 말한 다섯 가지 요소는 사람들이 도시의 특징을 그리고 도시에 대한 이미지를 부여해 각자의 머릿속에 도시공간에 대한 지도를 그리게 한다고 설명했습니다. 이 책에서 랜드마크는 건물이나 상점, 사인(표지판, 간판 등), 산 등이 해당되고, 여러 방향에서 보이는 시각적 중심점 또는 지표의 역할을 한다고 말합니다. 도시라는 큰 기준에서는 탑이나 황금색 돔, 높은 언덕이 해당하지만, 작게 볼 때는 수많은 표지판, 나무들, 상점 정면이나 문손잡이도 이에 해당합니다. 그리고 랜드마크는 도시공간에서 홀로 작용하는 것이 아니라 결절점이나 통로와 같은 다른 요소와 함께 작용한다고 합니다.

도시에 대해 공부를 하는 사람이라면 누구나 한 번쯤은 읽고 참고하는 이 책은, 랜드마크가 사람들이 도시공간을 인식하고, 한 도시의 이미지를 구성하는 중요한 요소라고 주장합니다. 하지만 반드시 랜드마크를 지녀야만 좋은 도시가 될 수 있다는 뜻은 아닙니다. 그러나 무슨 이유인지 언젠가부터 맥락은 고려하지 않고 랜드마크란 단어만 떼어다 쓰게 되면서 세계 도시의 이곳저곳에 랜드마크란 이름의 건축물들이 들어서게 되었습니다. 그리고 이와 함께 모뉴먼트란 단어도 유행해서 기념비적인 건축물을 만드는 것이 문화도시가 되는 지름길인 것처럼 인식되기 시작했습니다.

일본의 교토는 옛 도시의 전통이 매우 잘 간직된 도시입니다. 교토역 근처에는 1964년에 만들어진 교토 타워가 높게 솟아 있습니다. 이 도시엔 옛 모습이 잘 보존된 오래된 사찰이 많고 도시 곳곳에 전통가옥과 건축물이 그대로 남아 있어 이 도시를 보기 위해 먼 나라에서도 찾아갑니다. 그런데 사찰에 앉아 옛 모습이 잘 간직된 고즈넉한 도시 경치를 바라보고 있으면 뒤편으로 삐죽 솟아 있는 하얀색 뾰족 기둥에 매달린 원형 전망타워가 눈에 거슬립니다. 누가 봐도 도시와 어울리지 않는 뜬금없는 모습이거든요. 그 탑에 올라간 사람들에게는 도시를 상징하고 풍경을 감상할 수 있는 탑이겠지만, 다른 사람들에게는 교토의 매력을 떨어뜨리는 잘못된 선택인 것 같습니다.

현대적인 모뉴먼트 건물로 유명한 도시는 프랑스 파리입니다. 1980년대 초 대통령으로 당선된 프랑수아 미테랑은 수도인 파리에

국가 차원의 대형 건축물을 무려 열 개나 지어 도시의 문화성을 강조하고, 시민들에게 보다 수준 높은 환경을 제공하고, 현대성을 강조할 계획을 세웠습니다. 그리고 이에 따라 오르세 미술관, 라데팡스의 신개선문, 루브르 박물관의 피라미드, 오페라 바스티유, 재무부 건물 같은 건축 프로젝트가 속속 들어섰습니다. 그중에는 라데팡스의 신개선문처럼 도시의 축을 확장하면서 기존의 역사에 새로운 현대적 매력을 연결시키는 미적, 기능적으로 탁월한 건물도 있고, 기존 기차역을 오르세 미술관으로 변경하거나 루브르 박물관의 중앙에 피라미드를 도입해 모든 동선을 명쾌하게 처리하고 깔끔한 미적 감각을 발휘한 작품도 있습니다. 하지만 실제로는 그 모두가 탁월한 건축적 작품성을 지녔다고는 말하기 어렵습니다.

몇몇 도시에서 모뉴먼트를 만드는 것이 큰 이슈가 되고 성공을 거두자, 모든 도시에서 랜드마크를 형성하는 붐이 불었습니다. 신도시를 개발할 때도 구역마다 랜드마크나 도시의 게이트(관문)를 만들자는 논리가 등장했지요. 특히 랜드마크나 모뉴먼트는 정치인들이 공약으로 많이 내세웠는데, 사람들의 눈에 잘 드러나 그들의 공적으로 내세울 수 있기 때문입니다. 한동안 우리나라에도 개발 청사진이 이곳저곳 세워졌고, 모든 곳에 초고층 랜드마크를 만들겠다는 야심찬 계획이 난무했습니다. 도시에 어울리는지 그리고 거대한 건물이 인구 규모에 비해 꼭 필요한지도 우려스럽지만, 그렇게 거대한

| 1973년 세워진 몽파르나스 타워는 주변과 어울리지 않는 높이와 형태로 파리 도시계획의 골칫거리로 여겨진다. 10여 년 전부터 지속적으로 철거를 검토했지만, 매우 다양한 사람과 기관, 회사가 연관되어 있어 철거가 어려운 상황이다.

도시는 만남과 시간으로 태어난다

건물이 들어서서 주변 상업시설을 다 빨아들이고 나면 주변에 있던 상권은 초토화되기 마련입니다. 19세기 후반 파리에 고급 백화점이 발달하면서 주변의 상점들이 순식간에 어려움에 처한 것처럼요.

야심찬 포부로 시작했지만 건물이 들어서고 10년, 20년이 지난 후에 돌아보면 세우지 않았으면 좋았을 법한 건축물들이 보입니다. 건축물은 대규모 자본이 들어가기 때문에 그 규모가 크면 클수록 철거가 매우 어려워져 많은 주의를 기울여야 합니다. 파리 한복판에 서 있는 몽파르나스 타워가 10년 넘게 철거되지 못하는 것은 미적, 기능적으로 유용하기 때문이 아닙니다. 규모가 너무 커서 그 건물에 관련된 수많은 사람과 기업, 단체와의 복잡한 권리관계가 얽혀 있어 현실적으로 철거가 매우 어렵기 때문입니다.

핀란드에는 알바 알토Alvar Aalto, 1898~1976라는 건축가가 있었습니다. 그는 1920~70년대까지 자신의 나라와 유럽, 미국까지 널리 건축 작품을 남겼는데, 자연적인 재료를 사용하고 유기적인 형태를 구사하는 건축 스타일로 많은 사람에게 사랑받았습니다. 하지만 그가 건축 작품과 가구 디자인을 시작할 무렵인 1920년대는 전 세계 대부분의 예술가와 건축가 들이 국제주의와 기능주의를 추구해, 단순한 직사각형 모양의 흰색 콘크리트 건물에 가로로 긴 창을 지닌 건물을 짓는 흐름이 주류였습니다.

그러나 알토는 세계적 흐름에서 동떨어져, 자신이 잘 알고 익숙한 핀란드 풍토성이 강한 건축 스타일을 추구했습니다. 그의 건축물은 나무와 벽돌을 주로 사용하고, 물결치는 모양의 천장과 전통적인 느낌을 주는 세로로 긴 창 등이 특징입니다. 네모 반듯한 건물 형태는 찾아보기 어렵고, 자유롭고 재료의 특성을 그대로 반영한 형태를 지니면서 항상 어떻게 빛을 받아들일지 고민했지요. 우리는 이런 특징을 유기적인 건축이라고 부릅니다.

오늘날 알바 알토의 건축물은 모더니즘과 국제주의가 세상을 뒤덮던 그 시절, 하얀 눈밭에 서 있는 푸른 소나무처럼 독야청청하게 비칩니다. 그의 작품에서 엿보이는 남다름은 건축물이 들어설 환경에 대한 존중과 그곳을 사용할 사람들에 대한 깊은 배려에서 온 것입니다. 반면에 도시 한복판에 랜드마크라는 이름으로 우뚝 솟아 있는 초대형 건축물들은 독불장군처럼 서 있는 경우가 많습니다. 주변 지역과 조화롭기보다는 자신만이 돋보이기를 바라고 주변에 일궈져 있는 도시의 작은 생태계를 짓밟기 때문입니다.

생명력 있는
도시공간의 비밀

10여 년 전, 우리 도시에는 '재생'이라는 단어가 등장했습니다. 요즘에는 어디서나 들을 수 있지만요. 이전에는 기성 도시의 외곽에 신도시를 건설해 부족한 집을 공급하고 도시의 기능을 확충하도록 도시계획의 기본 방향을 설정했지만, 얼마 전부터는 기존 도시로 관심이 돌아와 노후화된 도시에 다시 활력을 불어넣어 살기 편한 공간을 만들기 위해 노력하고 있습니다. 도시 재생에서 가장 중요한 것은 원래 그곳에 살던 주민들이 도시가 재생된 이후에도 계속 그곳을 떠나지 않고 살 수 있느냐는 문제입니다.

요즘 젠트리피케이션gentrification은 도시계획가나 사회학자와 같은 전문가들만 사용하는 단어가 아니라 일반인들도 자주 쓰는 표현이 되었습니다. 그만큼 우리 도시의 전반적인 현상이 되었다는 뜻이겠지요. 젠트리피케이션은 1960년대 영국의 루스 글래스Ruth Glass, 1912~1990라는 학자가 처음 사용한 표현으로, 임대료가 저렴한 도시의 낙후된 지역에 예술가나 특정 계층이 점점 모여들다 보면 어느 순간 그곳에 중산층(신사계층을 영어로 '젠트리gentry'라 부름)이 이주해 오면서 지역이 고급화되는 현상을 일컫습니다. 원래는 긍정적이나 부정적인 의미를 담지 않고 한 지역의 주민계층이 변화하는 현상을 지칭하던 단어인데, 우리나라에서는 특히 '둥지 내몰림'이란 표현으로 치환되고 있습니다. 우리나라에서는 낙후하지만 독자적인 환경을 지닌 동네가 주목을 받아 외부 사람들이 몰리게 되면 생활 환경이 좋아지더라도 그 과정에서 기존에 살던 주민들이 쫓겨나는 일이 빈번하게 발생하기 때문이라고 추측됩니다.

영등포와 성수동은 서울에서 얼마 안 되는 공장 밀집 지역으로 구로동, 마곡 지구와 함께 서울의 대표적인 공업지역입니다. 서울시 전체에서 공업지역은 3.3퍼센트뿐이라 그 비중이 상당히 적은 편입니다. 도시가 발달하면서 사람들이 점차 오염과 공해유발 시설을 기피하고, 한편으로 높아지는 땅값을 감당하기 어려워 공장시설이 점차 도시 밖으로 밀려나고 있기 때문입니다. 하지만 공장이 밀집된 지역은 도시의 생산기능을 담당하는 매우 중요한 역할을 맡고 있어

도시는 만남과 시간으로 태어난다

무조건 도시 밖으로 이전하는 것은 바람직하지 않습니다.

서울시에 있는 공업지역은 모두 준공업지역입니다. 준공업지역은 환경오염이 크지 않은 경공업을 중심으로 주거나 상업기능도 도입할 수 있는 지역입니다. 그래서 얼마 전까지 서울의 공업지역을 재개발할 때는 지식산업센터와 오피스 빌딩을 닮은 외양의 건물을 일부 짓고 그와 함께 분양 가능한 주택을 짓는 것이 사업시행사들이 주로 원하는 도시개발이었습니다. 그러다 보니 일부 전문가들은 도시의 생산기능을 담당하는 소규모 공업지역조차 점차 고유의 성격을 잃고 사라지는 것이 아닌가 걱정을 하기도 했었습니다.

하지만 몇 년 전부터 영등포 문래동과 성수동이 그 지역만의 냄새를 물씬 풍기며 사람들에게 어필하기 시작했습니다. 서울의 공업지역 중 가장 빨리 발전해 일제강점기부터 공장들이 모여 있던 영등포는 문래동을 중심으로 철공소와 공장 안에 예술가들이 자리를 잡고 함께 어울리며 작업하고 살던 것이 알려지며 독특한 문화를 지닌 장소가 됐습니다. 또한 1960년대 신발 공장이 자리잡은 뒤 다른 공장들도 잇달아 자생적으로 모여들어 공업지역을 이룬 성수동도 사람들에게 개성 있는 장소로 사랑받고 있습니다.

서울에서 거의 사라진 공장과 기계, 그리고 사람들이 직접 기계를 다루며 땀흘려 일하는 모습이 작고 낡은 건물과 오래되고 좁은 길과 어울리면서 이 동네만의 매력을 발산합니다. 영등포 공업지역이 문래동 예술촌으로 알려지고, 성수동 역시 새로운 문화의 아이콘으로 여러 사람들이 앞다투어 찾게 되면서 수십 년간 쇠퇴해가던 공업지역이 밋밋한 도시에 색깔을 더하며 큰 인기를 얻고 있습니다.

1970년대부터 꺼질 줄 모르고 올라가던 아파트 단지의 인기와 재개발, 재건축의 바람이 이제야 사그라들기 시작하고, 한동안 기피하고 도시에서 몰아내고 싶어 하던 공장지역이 강남의 부유층마저 이주해오는 최고의 인기 지역이 되는 변화는 어찌 보면 새롭지 않습니다. 지금은 서울 최고 가격의 아파트와 부유층이 밀집한 압구정동도 예전에 배밭이었던 것을 생각하면, 도시는 원래 움직이고 변하는 것입니다.

우리나라 도시의 가장 큰 특징은 빠른 속도입니다. 자동차와 사람들만 빨리 다니는 것이 아니라 상권의 변화도 심하고, 새로 유행하는 도시공간과 쇠퇴하는 도시공간의 흐름 자체가 빠릅니다. 어느 날 청담동이 인기를 끌더니, 곧 홍대 앞으로 유행의 중심이 변하고, 그 흐름이 삼청동으로 가더니 다시 서촌, 경리단길로 이동합니다. 새로운 것을 찾아 움직이는 게 보편적인 심리일 수 있지만 서울은 그 속도가 다른 도시와 비교할 수 없어 한 번 얻은 인기가 채 5년을 가지 못하는 것 같습니다.

하지만 그 흐름 속에서 오랜 시간 낙후된 곳으로 인식되어 아무도 쳐다보지 않고 가장 뒤쳐진 것처럼 남아 있던 작은 공장 지역이

도시는 만남과 시간으로 태어난다

다시 주목받고 있습니다. 빠르게 변해가는 도시 속에서 꿋꿋하게 자신의 정체성을 끝까지 지켜낸 지역이 결국 그 가치를 인정받은 것입니다. 이 모습은 우리 삶과 비슷합니다. 유행하는 직업, 학문을 따라다니고, 인기 높은 아이템을 좇아 계속 업종을 바꾸며 성공을 거두는 사람도 있다면, 누군가는 자신만의 리듬으로 원하는 길을 묵묵히 걸어갑니다. 그러다 보면 그 사람의 가치와 진가가 주변에 알려지는 날이 오게 되고요.

젠트리피케이션에 대한 큰 우려에도 불구하고 성수동과 문래동으로 쏠리는 관심이 반갑게 느껴지는 이유는 바로 그 때문입니다. 자신만의 색깔과 성격을 유지한 이곳은 우리 도시를 생명력 있는 공간으로 만들어 교훈을 주기 때문입니다. 성장을 좇느라 주변을 돌아볼 여유가 없던 과거와 달리, 자신만의 성격을 가진 동네와 공간의 가치를 알아보는 사람이 많아지고 그 공간을 보존하기 위한 노력을 함께 기울이는 과정에서 우리 도시는 더욱 생명력 있는 공간으로 변할 것입니다.

스마트해지는
도시 속에서

전 세계의 이목을 집중시켰던 알파고와 이세돌의 대결도 이미 오래
전 이야기가 됐습니다. 이후 인공지능과 4차 산업혁명이 사람의 삶
을 어떻게 바꿀 것인지에 대해 많은 관심이 쏠리고 있습니다. 사람
의 삶이 달라지는 것은 도시 환경과 매우 직접적으로 연결되기 때문
에 인공지능에 기반한 사회의 도시 환경은 지금과 크게 다를 것입니
다. 4차 산업과 연계하고 인공지능을 활용하여 운영되는 도시를 '스
마트 도시'라고 부릅니다. 이렇게 만들어진 도시는 과연 지금과 어
떻게 달라질까요? 또, 그럼에도 불구하고 변하지 않고 남아 있는 것
은 무엇일까요?

스마트 도시는 지구온난화가 심각해지면서 앞으로의 기후변화에 대응하기 위해 지속가능한 도시를 만드는 것이 가장 중요한 전제입니다. 그래서 에너지 소비를 줄이고 환경에 대한 부담을 줄이면서, 보다 편리하고 쾌적하게 살 수 있는 방법을 찾아야 하지요. 우선스마트 도시에서는 화석연료를 사용한 에너지 생산으로 인해 발생하는 자원고갈과 환경 훼손, 지구 온난화를 막기 위해 신재생에너지를 이용해야 합니다. 또, 생산한 에너지를 효율적으로 사용하기 위해 스마트 그리드Smart Grid(전기생산자와 소비자를 연결하고 정보통신기술을 이용해 전력을 효율적 사용하는 전력망)를 이용해 전기 사용량이 낮은시간대에 에너지를 소비하도록 고민해야 하지요. 그리고 빅데이터와 IT 기술을 이용해 사용자가 보다 편리하고 안전한 환경에서 생활할 수 있도록 돕습니다. 한편 자원순환을 존중하고 사용자 친화적인 도시를 만드는 것도 중요합니다.

우리나라에서는 인천 송도가 스마트 도시로 매우 앞서나가 해외에서도 주목받고 있습니다. 유럽연합의 여러 스마트도시 중 가장 앞서 나가는 도시는 스페인의 바르셀로나입니다. 바르셀로나는 100년 넘게 짓고 있는 사그라다 파밀리아 성당La Sagrada Familia으로 유명한 천재 건축가 안토니 가우디Antoni Gaudi, 1852~1926의 작품이 곳곳에 가득 차 있는 것으로 유명한 도시이지요. 또, 소리아 이 마타Soria y Mata, 1844~1920라는 도시계획가가 19세기 말 고안한 격자형 도시 구조를 바탕으로 그 위에 멋진 현대 건축물과 잘 보존된 중세지구가 함께 어우러져 활기가 느껴지는 항구 도시입니다. 이렇게 멋진 곳이다 보니 최근에는 너무 많은 관광객이 몰려들어 골치를 앓을 정도입니다. 하지만 이 도시는 4차 산업을 받아들이고 가장 앞서가는 스마트 도시가 되기 위해 크게 변화하고 있습니다.

바르셀로나에서는 스마트 도시를 통해 사람들의 생활을 편리하게 만드는 것에 주안점을 두고 있습니다. 구체적으로 살펴보면, 응급차량이 지나갈 때는 신호등을 자동으로 녹색으로 바꿔주고, 가로등 주변의 사람 수를 감지해 알맞는 밝기를 비춰 필요 없는 경우에는 가로등의 밝기를 30퍼센트 정도 낮춰 에너지를 아낍니다. 도로변의 쓰레기통도 채워진 양을 감지하여 비워야 할 때를 알려줘 깨끗한 환경을 효율적으로 유지할 수 있도록 하고, 주차장에선 빈자리를 알려줘 주차를 위해 낭비하는 시간과 연료를 줄입니다. 즉 스마트 도시의 실체는 미래기술적인 외관이 아니라, 그 속에서 생활하는 사람들을 훨씬 편리하고 여유롭게 만드는 것에 있습니다. 비로 그들이 체감하지 못하더라도 말이지요.

하지만 스마트 도시로 앞서가는 바르셀로나에서 가장 놀라운 점은 도시의 고유한 매력과 사람들의 삶을 존중하면서 첨단기술을 사용한다는 것입니다. 바르셀로나 도심에는 람블라스 거리와 중세지구가 있습니다. 그중 중세지구는 바르셀로나를 찾는 대부분의 관광

도시는 만남과 시간으로 태어난다

객이 반드시 거쳐간다고 해도 될 정도로 중세시대의 도시 모습이 그대로 남아 있는 매력적인 지역입니다. 그 때문에 좁은 길과 광장으로 연결된 공간은 아침부터 늦은 밤까지 언제나 사람들로 붐빕니다.

상황이 이렇다 보니 이곳에는 과거의 도시 모습을 유지하고, 너무 많은 자동차가 드나들어 고유한 분위기와 환경이 망가지지 않도록 스마트 기술을 적용하고 있습니다. 예를 들어 바르셀로나에서는 차량 공유 서비스인 우버를 사용할 수 있는데, 중세지구에서 우버를 호출하면 '서비스 사용 불가 지역'이라는 메시지가 뜹니다. 그래서 그 주변에서만은 어쩔 수 없이 대중교통을 이용하거나 걸어다녀야 합니다. 이곳에서는 첨단 기술이 도시의 고유한 성격을 보호하고, 더 많은 사람들이 쾌적한 환경에서 생활하는 방향으로 사용되는 것입니다.

다시 말해, 스마트 도시의 최신 기술은 사람의 편리함만을 추구하는 방향이 아니라 사람이 사는 환경이 보다 더 인간적인 모습을 지닐 수 있도록 도와주는 쪽으로 사용할 수 있다는 뜻이지요. 바르셀로나가 가장 앞서나가는 스마트 도시가 된 이유는 분명합니다. 무조건 편리함을 추구하는 게 아니라 사람과 도시에 어떤 기술이 필요할지 고민하고, 그에 맞는 기술을 선별적으로 판단해서 적용했기 때문이지요.

또 하나, 스마트 도시에서 쉽게 접하는 것 중 하나는 그 도시에서 생활하는 사람들의 먹을거리를 직접 재배하는 '스마트 팜^{Smart Farm}' 입니다. 스마트 도시는 불필요한 에너지 소비와 환경부하를 줄이는 것에 매우 민감합니다. 그래서 그 지역에 필요한 농작물을 스마트 팜에서 키워, 먼 거리에서 식재료를 운송할 때 발생하는 온실가스를 줄이고, 원예와 농사를 통해 그 지역 커뮤니티를 활성화합니다. 공동으로 가꾸는 스마트 팜은 생태계를 건강하게 만들고, 녹지를 만들어 온실가스를 줄이고, 커뮤니티를 활성화하는 데에도 큰 도움이 됩니다. 과거의 도시는 소비를 하는 곳이었지만, 이제는 에너지도 먹을거리도 직접 생산하는 곳으로 변해가고 있습니다. 그리고 스마트 도시에 사용되는 여러 기술이 이를 돕고 있습니다.

파리 남서쪽에 위치한 '이시-레-물리노^{Issy-les-moulineux}'는 프랑스에서 스마트 도시로 가장 앞서 나가고 있는 곳으로, 이미 5년 전부터 '스마트 도시 리빙 랩'을 운영하고 있습니다. 리빙 랩은 실제 사람들이 직접 참여해 생활 속 문제를 해결해나가는 것입니다. 이곳 리빙 랩은 도시 거주민들이 직접 참여해 스마트 도시를 생기 넘치는 도시로 만들고, 사회적 교류와 참여를 활발하게 만들어 도시 경제활동에 변화를 불러온다는 큰 목적을 지니고 있습니다.

이시-레-물리노 스마트 도시는 업무시설이 모여 있는 지역과 주거단지로 구성되어 있습니다. 주거단지인 포르 디시^{Fort d'Issy}에 가보면 씨앗 모양의 아파트 건물이 공원을 연상시키는 단지 위에 재밌는 모양으로 옹기종기 자리잡고 있습니다. 여름이면 단지 한쪽에 위치한 상점과 주택으로 둘러싸인 광장에서 분수가 솟아올라 작은 호수가 생기기도 합니다. 이곳은 스마트 도시로 계획됐지만, 그 사실을 모르는 사람들에게는 세련된 디자인의 편리하고 안전한 주택단지일 뿐입니다.

자동차는 넓은 공원으로 조성된 단지 안쪽으로 들어갈 수 없게 설계되어 있고, 다양한 형태의 건물에는 넓은 발코니와 목재로 만들어진 덧문이 달려 있습니다. 땅에서 자라는 넝쿨식물은 각층의 발코니를 타고 건물 지붕까지 힘 좋게 올라가고, 산책로로 연결되는 바깥쪽 성벽 위에는 커다란 텃밭이 자잘하게 나뉘어 아기자기하게 일궈지고 있어 봄에는 거름 냄새를 맡을 수 있습니다. 목재의 물결 무늬가 건물 밖에서도 느껴지도록 만든 단지 내 수영장, 옛 요새를 그대로 건물로 사용한 도서관은 자연 재료를 그대로 사용해 전통적이고 역사적인 느낌을 전해줍니다.

이시-레-물리노 스마트 도시는 신재생에너지와 스마트 그리드를 사용하고, 대부분의 건물은 저에너지 사용형 건물입니다. 프랑스의 전체 평균에 비해 3~5배까지 에너지를 절약한다고 합니다. 업무 지구에는 태양광을 이용해 에너지를 생산하는 현대적이고 세련된 빌딩들이 모여 있고, 대중교통을 활성화하기 위해 작은 셔틀버스가 돌아다니는 모습도 자주 보입니다. 하지만 도시 전체는 첨단 기술의

| 프랑스 대표적인 스마트 도시인 이시-레-물리노는 언뜻 보면 첨단기술을 사용한 에너지 자립형 도시보다는 생태도시의 느낌이 강하다.

차가운 느낌보다는 곳곳에 위치한 넓은 녹지 때문에 여유 있고 편안한 느낌이고, 도시는 사람들이 함께 만나고 소통할 수 있는 공간을 만들기 위해 힘쓰고 있다는 인상을 줍니다.

결국 스마트 도시에서 가장 중요한 것은 사람들이 편안하게 어울리고, 자연과 사람이 서로 함께하는 점입니다. 앞으로 우리는 무인자동차를 타거나 자동으로 전기 사용량을 최적으로 조절해 생활의 편리함을 추구하는 게 아니라, 커뮤니티를 활성화하고 크고 작

도시는 만남과 시간으로 태어난다

| 이시-레 물리노의 주거단지. 포르 디시는 19세기 말 요새였던 두꺼운 성벽을 그대로 텃밭과 산책로, 도서관 등 커뮤니티 시설로 활용하고 있다. 텃밭과 녹지, 주택이 한데 어우러지고, 자연과 역사가 함께 공존하는 생활 터전이 바로 미래의 도시 모습이다.

은 다양한 경제활동 주체가 함께 공생할 수 있는 사회를 만들어야 합니다.

　미래의 도시, 스마트 도시는 영화 〈블레이드 러너〉나 〈토탈 리콜〉에 나오는 것처럼 차이나타운풍의 이국적인 도시나 하늘을 찌를 듯 수직으로 발달한 도시가 아닙니다. 기술을 이용해 환경을 보호하면서 녹색 자연 속에서 사람들이 함께 텃밭을 가꾸는 도시이고, 역사성과 전통을 존중해야 한다는 교훈을 이시-레-물리노와 바르셀로나가 우리에게 전해주고 있습니다. 첨단 기술에 의존해 혼자 집 안에서 고립되어 사는 것은 결코 앞으로 다가올 도시 생활이 아닙니다. 사람들의 소통을 돕고, 보다 건강하게 살 수 있는 환경을 만들면서 기존 도시의 매력을 더욱 잘 돋보이게 하는 모습이야말로 미래의 도시가 나아갈 방향일 것입니다.

도시는 만남과 시간으로 태어난다

이 도시는 살기 좋은 도시일까?

　"지금 내가 사는 도시는 좋은 도시일까?" 어쩌면 자기가 생활하는 공간을 지나치거나 돌아보면서 한 번쯤은 이런 궁금증을 품었을 수도 있습니다. 우리가 살고 있는 곳은 과연 어떤 도시이고, 얼마만큼 좋은 도시일까요?

　한국을 다녀간 외국인들은 서울뿐 아니라 대구, 부산, 경주, 또는 더 작은 도시들도 매우 매력적이라는 이야기를 합니다. 우선 매우 현대적이고 편리하고 활기차지만 곳곳에 고궁과 같은 오랜 역사를 담은 공간들이 남아 있어 꼭 다시 오고 싶다는 이야기도 많이 듣습니다. 우리 도시 곳곳에 있는 시장의 모습, 한복을 입고 거닐 수 있는 고궁, 그리고 초현대적인 빌딩, 떡볶이와 어묵을 파는 길거리 포장마차, 거기다 똑같은 모습의 아파트 단지까지 모든 것이 한곳에 있어 집약적이고 에너지 가득한 모습이 매력적이라고 말이지요.

그럼 우리 눈으로 보는 우리 도시는 어떨까요? 우리는 다른 나라의 도시가 갖고 있는 모든 장점을 모은 도시를 만들려고 노력합니다. 친환경적이고, 보행자가 편안하고, 교통체증이 없고, 안전하고, 첨단산업이 발달하고, 조화롭고 아름다운 경관을 가진 도시 말입니다. 그런데 조금 깊이 생각해보면 이 모든 조건을 만족시키는 도시를 만들기는 매우 어려운 일입니다. 지금 만들어지고 있는 세종시를 보면 자동차에도 편리하고 사람이 걷기에도 좋은 도시를 만들려고 하지만, 아쉽게도 사람과 자동차 둘 다 100퍼센트 만족시킬 수 있는 도시는 불가능합니다. 차가 편리하면 사람은 불편하고, 사람에게 편리하면 자동차에게는 불편하기 쉬운 것이 세상의 보편적인 원리입니다.

세종시는 도시 곳곳에 넓은 주차장을 만들고, 건물을 지을 때도 법으로 정해진 주차차량 댓수의 120퍼센트가 넘게 주차장을 만들도록 유도해 다른 도시에 비해 차량을 이용하기 편리하도록 계획했습니다. 또한 지상공간에도 넓은 보도와 산책로를 만들어 보행자 위주의 도시가 되도록 도시계획적으로 많은 노력을 기울였습니다. 하지만 이 도시를 사용하는 사람들은 약간 떨어진 주차장에 차를 대거나 유료 주차장에 주차하는 것보다 도로변에 불법으로 차를 댑니다.

도시계획적으로 수많은 고민을 통해 만든 21세기의 신도시이지만, 주차빌딩 바로 앞 도로변에 마구잡이로 주차된 차량을 보면 도시는 계획한 대로 사용되는 것이 아니라 사용하는 사람들에 의해 많은 부분이 결정된다는 사실을 알 수 있습니다. 넓은 주차장을 만들어놓아도 사람들이 길가에 차를 대면 당연히 도로는 복잡해지고 길을 걷거나 건너는 사람들도 불편하고 위험해집니다.

어찌 보면 도시를 만드는 것은 선택을 하는 것입니다. 거대한 중앙 공원을 만들까, 아니면 그 면적을 작게 잘라서 작은 공원을 수십 개 만들까? 환경을 생각해 차가 적은 도시를 만들까, 아니면 사람이 편리하게 살 수 있는 도시를 만들까? 만약 환경을 생각하는 도시를 만들겠다는 선택을 한다면 이용자들은 어느 정도의 불편함을 감수해야 합니다. 대신 사람들은 깨끗한 환경이라는 더 큰 편익을 얻게 될 것입니다. 모든 사람이 자신의 차를 자기 집 앞까지 가져오면서 환경 오염을 적게 하는 방법은 없습니다. 새로운 도시를 만드는 것뿐만 아니라 도시 재생을 할 때도 마찬가지입니다. 누구나 새로 지어진 높은 아파트에 살고 싶어 한다면 기존 도시의 모습을 간직하는 도시 재생은 이뤄지기 어렵습니다.

도시 재생은 우스갯소리로 "내불남로"와 같습니다. 내가 살면 불편하지만 남이 살면 로맨틱한 공간, 그것이 바로 도시 재생입니다. 내가 사는 도시에 옛 정취와 좁은 골목, 오래된 집들이 매력적으로 남아 있길 바란다면 높게 올라간 아파트 단지가 아닌 골목길에 있는 집에 살고, 대중교통을 이용하거나 좀 떨어진 먼 곳에 주차를 하고 비가 오나 눈이 오나 걸어다녀야 합니다.

우리나라 도시는 모든 사람에게 동등한 환경을 주려고 노력합니다. 아파트의 모습이 다양하지 않은 것도 그런 이유가 큽니다. 이미 분양을 한 아파트라도 아랫집보다 우리 집 창이 작거나 높은 곳에 위치해 있으면 아파트 창 모양을 아랫집처럼 변경해달라는 요청이 쇄도합니다. 이미 조건과 디자인을 정해 분양 공고를 냈더라도 그런 사정은 별로 개의치 않습니다. 옆 단지의 아파트 하단에 돌이 붙어 있고, 우리 아파트 단지에는 벽돌이 붙어 있으면 우리 단지도 옆 단지처럼 고급스럽게 외벽 모양을 바꿔 달라는 요청을 합니다. 어두운 색깔의 돌보다 붉은 벽돌이 훨씬 더 생기 있고 나무들과 어울리는 공간이 될 수도 있는데, 이 말이 별로 설득력 있게 들리지 않는 것이겠지요. 개성 있고 나만의 모습을 갖기보다는 남이 가진 것 중 내게 없는 것이 무엇인지를 먼저 살피고 남과 같은 것을 갖고 싶어 하는 것입니다.

사람이 생활하는 공간은 도시의 작은 축소판입니다. 우리나라 회사의 사무공간은 매우 획일적으로 배치되어 있습니다. 큰 사무실 안에 팀이나 부서가 서로 마주 본 채 두 줄로 앉아 있고, 두 열이 마주한 맨 앞 책상 두 개를 합친 자리에는 팀장이나 부서장이 앉아 있습니다. 공간을 효율적으로 이용하고 위계가 확실히 전해져 업무를 통제하기는 쉽지만, 개인의 프라이버시를 존중하고 창의력을 발휘

하기에는 적당한 공간이 아닙니다. 우리나라에서는 어디서나 볼 수 있는 흔한 풍경이지만 제가 오랫동안 생활한 프랑스에서 그와 같은 책상 배치는 아직까지 은행이나 학교, 사무실, 그 어디에서도 본 적이 없습니다.

이와 같은 모습은 우리 도시에도 확대해서 적용할 수 있습니다. 도시의 모습이나 공간을 효율적으로 통일시키거나 또는 조화롭고 개성 넘치는 모습을 지닌 곳으로 구분할 수 있겠지요. 똑같은 건물이 가득 들어찬 도시는 통일성이 있을 수는 있지만, 아름답게 느끼거나 기억에 남지는 않습니다. 하지만 이제 우리는 조화롭거나 자신만의 특성을 지닌 활기차고 생명력 넘치는 도시를 원하게 되었습니다.

어쩌면 여지껏 우리가 지금까지 만들려고 노력했던 도시는 항상 다른 나라의 도시를 염두에 두고 있었는지도 모르겠습니다. 뉴욕처럼 활기 있고 세련된 도시, 파리처럼 매력 넘치는 도시, 싱가폴이나 바르셀로나처럼 스마트한 도시, 런던처럼 금융이 발달한 도시, 다른 나라의 강소도시, 다른 나라의 생태도시……. 그런데 이제는 반대로 다른 나라의 도시들이 우리나라의 도시를 보고 배우러 올 만큼 전반적인 수준이 높아졌습니다. 우리나라 도시는 이미 개별적인 건물의 편의성만큼은 다른 나라에 비해 매우 높은 편입니다. 지하철역 같은 공공시설은 조금 과도하지 않나 생각될 정도로 잘 만들어져 있고 깨끗하게 관리되고 있습니다. 도로나 교통시설 또한 매우 편리하고요. 그리고 참신하고 감각적으로 디자인된 훌륭한 외관의 건물들도 도시 곳곳에 많이 들어서 있습니다.

그래서 이제는 남과 같아지기보다는 자신만의 색깔을 만들어가는 방법을 고민해볼 시점입니다. 새로운 것을 더 만들기보다는 이미 우리가 갖고 있는 것을 잘 활용하고, 우리 도시에서 사라져가는 것을 찾아내 지키는 법을 함께 고민할 때입니다. 그리고 마지막으로 도시공간을 함께 사용하는 법을 익히게 되면, 이 도시는 좋은 도시이자 우리 생활을 풍요롭게 만드는 삶의 배경이 될 것입니다.

파리에는 소르본 대학Université de la Sorbonne이 있습니다. 프랑스의 대학은 분야별로 학교에 있는 학과가 다르고 파리가 아닌 지방도시에도 좋은 대학교가 많기 때문에 소르본을 가장 좋은 대학이라고 단정할 수는 없지만, 중세시대부터 학문을 탐구하던 유서 깊은 대학이라 우리나라 사람들이 파리에 여행을 오면 꼭 방문하고 싶어 합니다. 그런데 막상 소르본 대학을 찾아보면 어디에 있는지 어리둥절해하죠. 도시 속에 대학 건물이 이곳저곳 흩어져 있어서인데, 파리에는 우리나라 대학처럼 커다란 교문과 위압적인 상징물로 구분되는 대학 캠퍼스가 없고 필요한 공간을 도시 전체에 퍼져 있는 수십 개의 건물로 나누어 사용하고 있기 때문입니다.

우리나라에는 각 학교나 대학, 시설이 각자 자신의 건물과 영역을 확실하게 갖고 있고 울타리가 확실하지만, 프랑스에서는 서로 아무 상관없고 관리 기관이 다른 초등학교와 고등학교가 식당을 함께 쓰기도 합니다. 시청도 도시가 커지면서 업무가 늘어나 더 넓은 건물이 필요해지더라도 새로 짓기보다는 주변에 있는 건물을 부분적으로 이곳저곳 빌려서 사용합니다. 물론 사용하는 사람이나 근무하는 사람들은 한곳에 모여 있는 것이 편할 수도 있지만, 그 도시를 상징하는 오래된 시청사 건물을 부수고 큰 비용을 들여 새로운 집을 짓고 시청 전체가 이사 가는 일은 흔치 않습니다.

우리나라 도시에 없는 모습을 굳이 다른 나라에서 찾자면 이 정도일 것입니다. 함께 쓸 수 있는 공간을 찾아 울타리를 나누지 않고, 반드시 새로 지어야 하는 것이 아니라면 기존의 것을 계속 사용하는 모습, 또한 오래된 것을 계속 사용하면서 자부심을 갖는 모습, 그리고 약간의 편리함을 위해 옛것을 없애지 않고, 자신이 원하는 편리함에 환경을 맞추기보다는 오랫동안 수많은 사람들이 함께 살아온 도시의 모습에 자신의 생활을 맞춰가며 살아가는 모습. 이미 매력적이고 훌륭한 우리 도시에 이런 모습이 더해진다면 우리가 사는 도시는 훨씬 더 좋은 도시가 될 것입니다.

다음 세대에 전하고 싶은 한 가지는 무엇입니까?

다음 세대를 생각하는 인문교양 시리즈 **아우름**

아우름 시리즈는 계속 출간됩니다.

아우름39

도시는 만남과
시간으로 태어난다

1판 1쇄 인쇄 2019년 8월 16일
1판 1쇄 발행 2019년 8월 23일

지은이 최민아
펴낸이 김성구

책임편집 홍희정
단행본부 류현수 고혁 현미나 김진희
디자인 이영민
제 작 신태섭
마케팅 최윤호 나길훈 김영욱
관 리 노신영

펴낸곳 (주)샘터사
등 록 2001년 10월 15일 제1-2923호
주 소 서울시 종로구 창경궁로35길 26 2층 (03076)
전 화 02-763-8965(단행본부) 02-763-8966(마케팅부)
팩 스 02-3672-1873 **이메일** book@isamtoh.com **홈페이지** www.isamtoh.com

ISBN 978-89-464-2110-3 04300
ISBN 978-89-464-1885-1 04080(세트)

이 도서의 국립중앙도서관 출판시도서목록(CIP)은 e-CIP 홈페이지
(http://www.nl.go.kr/cip.php)에서 이용하실 수 있습니다. (CIP제어번호: CIP2019030129)

값은 뒤표지에 있습니다.
잘못 만들어진 책은 구입처에서 교환해드립니다.